高等职业院校基于工作过程项目式系列教程

电商高级项目实战

山东铝业职业学院　天津滨海迅腾科技集团有限公司　编著

刘屏　于洋　主编

U0362115

南开大学出版社

天津

图书在版编目(CIP)数据

电商高级项目实战 / 山东铝业职业学院,天津滨海迅腾科技集团有限公司编著;刘屏,于洋主编. —天津:南开大学出版社,2023.5
高等职业院校基于工作过程项目式系列教程
ISBN 978-7-310-06444-1

Ⅰ.①电… Ⅱ.①山… ②天… ③刘… ④于… Ⅲ.①电子商务-运营管理-高等职业教育-教材 Ⅳ.①F713.365.1

中国国家版本馆 CIP 数据核字(2023)第 110115 号

电商高级项目实战
DIANSHANG GAOJI XIANGMU SHIZHAN

———————————————————————

南开大学出版社出版发行
出版人:陈　敬
地址:天津市南开区卫津路 94 号　　邮政编码:300071
营销部电话:(022)23508339　营销部传真:(022)23508542
https://nkup.nankai.edu.cn

———————————————————————

天津泰宇印务有限公司印刷　全国各地新华书店经销
2023 年 5 月第 1 版　　2023 年 5 月第 1 次印刷
260×185 毫米　16 开本　15 印张　365 千字
定价:68.00 元

———————————————————————

如遇图书印装质量问题,请与本社营销部联系调换,电话:(022)23508339

高等职业院校基于工作过程项目式系列教程

指导专家

《电商高级项目实战》

主　编：刘屏　于洋
副主编：杨净然　慕晓涛　甘玉荣
　　　　焦方筠　郝　雷　李星宇

前　言

本书为培养网店运营与推广人才的教材，针对行业对网店运营与推广岗位的最新需求，先根据电商运营推广的工作内涵，分析对应知识、技能与素质要求，确立每个模块的知识与技能组成，对内容甄选与整合，实现知识传授与技能培养并重，更好地适应职业岗位对电商运营推广人才培养的需求。同类型的书籍中，内容大多是关于知识点的介绍以及案例，缺乏真实项目推广过程中各个时期所遇到的问题。而本书由浅入深，以网店商品推广为中心，实例为引导，把介绍知识与实例实现融于一体，贯穿于教材之中。考虑到网店推广较强的实践性，本书配备大量的例题并提供推广方法与渠道，能够有效地帮助读者理解所学习的理论知识，系统全面地掌握电商运营推广技术。

本书由山东铝业职业学院的刘屏与天津滨海迅腾科技集团的于洋共同担任主编，由天津滨海迅腾科技集团的慕晓涛、山东铝业职业学院的甘玉荣、焦方筠、饶军、郝雷、李星宇担任副主编。其中，项目一由慕晓涛和甘玉荣负责编写，项目二由焦方筠和饶军负责编写，项目三和项目四由刘屏负责编写，项目五项目六由甘于洋负责编写，郝雷和李星宇负责思政元素搜集和整书编排。

本书共六个项目，分别为"网络调研与实践"、数据化上架商品"、"网店营销工具"、"第三方插件美折"、搜索引擎优化"、以及"付费推广与优化"。每个项目均采用任务驱动的模式，按照"学习目标"→"学习路径"→"任务描述"→"任务技能"→"任务实施"→"任务总结"的思路编写，任务明确，重点突出，简明实用。同时，本书按照学生能力形成与学习动机发展规律进行教材目标结构、内容结构和过程结构的设计，使学生可以在较短的时间内快速掌握最实用的网店运营与推广知识。并且，在每个项目总结后都附有练习题，并提供习题答案，供读者在课外巩固所学的内容。

本书内容侧重实战，每个重要的技术都精心配置了实例，在讲解完技能点的详细内容后，可以通过实例进一步深入了解该技能的应用场景及实现效果，这种"技能点＋实例"的设置更易于记忆和理解，也为实际应用打下了坚实的基础；

本书内容系统、结构完整、简明扼要、方便实用，清晰地讲解网店运营与推广过程中所需的所有知识，可使读者体会到项目开发的真实过程，是不可多得的好教材。

由于编者水平有限，书中难免出现错误与不足，恳请读者批评指正和提出改进建议。

编者

2023 年 3 月

目　录

项目一　网络调研与实践

通过对网络调研与实践的学习，了解商品市场调研、商品分类调研、商品货源调研的基本方法，掌握分析市场产品和找货源的能力。在任务实施过程中：

- 了解商品市场调研；
- 了解商品分类；
- 了解商品货源；
- 掌握 1688 阿里巴巴找货源的能力。

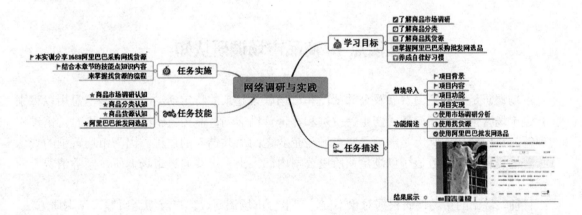

【情境导入】

随着现代经济的发展和互联网技术的不断完善，传统的营销模式已经不能满足新生代的主力消费群体需求。电子商务开始作为一种新的营销方式和理念发展迅速，并逐渐被广大消费群体所接受。如今，其发展势头异常强劲，正在给人们的消费习惯带来深刻的影响。大批量的商家正在涌入这个赛道，他们只有具备网络调研与实践的能力，才能找到更适应市场的产品。本项目通过网络调研与实践的讲解，实现市场调研简单分析、分类认识及寻找货源的应用。

【任务描述】

- 商品市场调研认知；
- 商品分类认知；
- 商品货源认知；
- 1688 阿里巴巴采购批发网选品。

技能点一 商品市场调研认知

市场调研是一种把消费者及公共部门和市场联系起来的特定活动——这些信息用以识别和界定市场营销机会和问题，产生、改进和评价营销活动，监控营销绩效，增进对营销过程的理解。市场调研实际上是一项寻求市场与企业之间"共谐"的过程。因为市场营销的观念意味着消费者的需求应该予以满足，所以公司内部人士一定要通过市场调研，倾听消费者的声音。

目前，常见的市场调研根据对象不同，有平台市场调研、客户反馈调研等市场调研方法。

1. 平台市场调研

平台市场调研又称网上调查或在线调查。平台市场调研是指企业利用互联网作为沟通和了解信息的工具，对消费者、竞争者，以及整体市场环境等与营销有关的数据系统进行调查分析研究。这些相关的数据包括顾客需要、市场机会、竞争对手、行业潮流、分销渠道，以及战略合作伙伴方面的情况。平台市场调研相对于传统的市场调研有着无可比拟的优势，如调研费用低、效率高、调查数据处理方便、不受时间地点的限制。因此，平台市场调研已成为网络时代企业进行市场调研的主要手段。

平台市场调研有价格段调研、款式调研、面料调研、拍摄场景调研等，下面以淘宝网平台作为依据展开对连衣裙的市场调研与分析。

（1）价格段调研与分析

随着经济的发展，商品的多样化，使得竞争也越发激烈。每一位经营者都希望把商品尽快地销售出去，而店铺经营的成败取决于是否能赢得消费者的青睐。因此，探析消费者在购买活动中的心理价格，对于店铺营销活动的顺利进行，具有重要意义。

消费者评价商品价格是否合理的主要依据，是根据自己以往购买商品的经验所形成的印象，这也就是"消费者对商品价格的习惯性心理"。

消费者对商品价格的认识，是在多次购买活动中逐步地形成对某种商品价格的习惯性。这种习惯价格是消费者容易接受也是更合理的价格，并且也会把习惯价格当作衡量商品价格高低、质量好坏的标准。商品价格是在客户认定的范围内就易于接受，超出这个范围就不愿意去接受。消费者的价格习惯一旦形成，往往会维持相当长的一段时间，并且会支配消费者的购买行为。淘宝网连衣裙核心价格段销量趋势如图1.1.1所示。

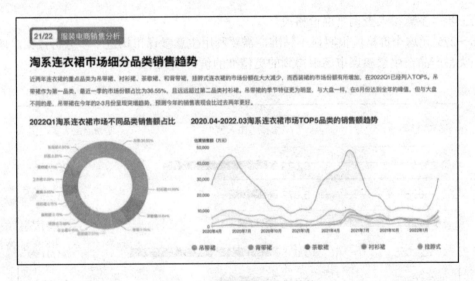

图 1.1.1　核心价格段销量趋势

通过浏览，分析以下哪个价格段更容易让顾客接受。

示例：基于淘宝网对连衣裙的价格段进行调研，步骤如下：

第一步：登录淘宝网搜索连衣裙综合排序查询第一个价格段。

淘宝平台中能够分析并展示客户能够接受的价格段占比。从图1.1.2中可以看出，喜欢购买价格段在78元及以下的人群占比为30%。

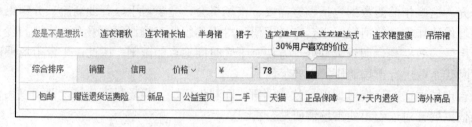

图 1.1.2　78 元及以下

第二步：查询第二个价格段。

从图 1.1.3 中可以看出，喜欢购买价格段在 78~275 元的人群占比为 60%。

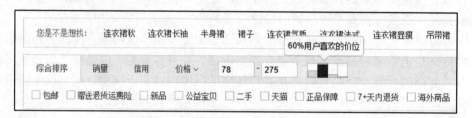

图 1.1.3　78~275 元

第三步：生意参谋查询精准价格段。

78~275 元这个价格段很明显不精准，需要利用生意参谋市场进一步分析数据。图 1.1.4 为其他类目产品在生意参谋市场中得到的更精准的价格段数据。

支付金额	搜索点击人气	搜索点击人数占比
0-25元	8,629	26.36%
25-50元	5,073	11.25%
50-115元	4,498	9.30%
115-220元	10,095	34.01%
220-505元	5,715	13.60%
505元以上	3,211	5.48%

图 1.1.4　生意参谋价格段数据

通过图中价格段的数据分析，大多数人可能会选择 115~220 元这个价格段，虽然这个价格段的占比是最高的，但竞争也是最激烈的。至于要选择哪个价格段去定位自己的店铺，取决于目标人群、产品质量等众多因素，也可以借鉴长尾理论。

通过综合排序浏览，调查价格在 78 元到 1000 元之间的商品，再根据定位模拟找出对标商品，之后确定好价格段，再根据不同人群对应不同的价格段。本技能点选择占比为 60%用户喜欢的价位 78 元至 275 元之间，这个价格段很显然不够精准，只是确认了一个大体的价格段区间。服装这个类目竞争日益激烈，同时也说明了利润丰厚。销售价格定位偏低将极大地限制推广预算，如果价格定位偏高虽然推广费会很充裕，但是能够接受高价格段的人群只有 9%。如图 1.1.5 所示，这一点也说明了这种款式的产品销量注定不会很高。价格段最终的确认还是要看定位以及目标，本技能点作为案例选择 200 元左右价格作为对标商品。

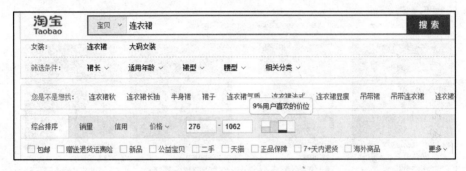

图 1.1.5 连衣裙高价格段

（2）款式调研与分析

款式是服装设计最直观的体现，与人体有着最直接的沟通，亦是一件服装最基本的形态，还是决定消费者是否会下单的关键之一。

裙子按裙腰在腰节线的位置区分，有中腰裙、低腰裙、高腰裙；按裙长区分，有长裙（裙摆至胫中以下）、中裙（裙摆至膝以下、胫中以上）、短裙（裙摆至膝以上）和超短裙（裙摆仅及大腿中部）；按裙体外形轮廓区分，大致可分为筒裙、斜裙、缠绕裙三大类。

通过浏览分析，按裙长区分来观察长裙、中裙、短裙哪种更容易让顾客接受。

示例：基于淘宝网对连衣裙的款式进行调研，步骤如下：

第一步：登录并搜索连衣裙。

打开 www.taobao.com，登录账号，在搜索框输入"连衣裙"，如图 1.1.6 所示。

第二步：调研分析什么款式好卖。

打开页面认真仔细观察，重点观察价格、款式、拍摄风格、适应人群等信息，如图 1.1.7 所示。

第三步：调研总结分析。

通过综合排序浏览，调研长裙居多，根据定位模拟找出对标商品。

"缘丝玲珑香佛手，手中有扇望河潮"，这是古人描述女性穿衣的语句，大致的意境是美丽的女子拿着香扇，身上穿着好看的衣服，衣服就像香气轻轻掠过手，望着绵绵的江潮，很美的意境。中式盘扣款型的连衣裙总是有那股内敛优雅的感觉。

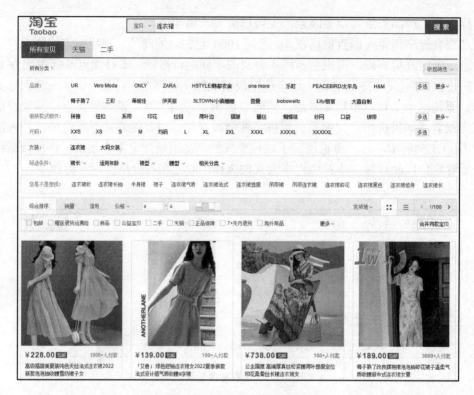

图 1.1.6　连衣裙综合排序 1

图 1.1.7　连衣裙综合排序 2

　　根据以上分析总结,选择国风旗袍裙作为对标商品。

　　(3)面料的调研与分析

　　在服装大世界里,服装的面料五花八门,日新月异。但是从总体上来讲,优质、高档的面料,大多具有舒适、吸汗透气、悬垂挺括、视觉高贵、触觉柔美等几个方面的特点。

　　连衣裙主要的材质有雪纺、真丝、丝绵、纯棉和棉麻等。

① 连衣裙面料之雪纺——凉

雪纺面料经纬疏朗，易于透气，再加染色中的减量处理充足，面料手感尤为柔软，是时髦女性所追求的时尚面料。由于飘逸、滑爽、通透的特性，雪纺制作连衣裙能带来无与伦比的美妙效果，充满浪漫的味道。成装上身，既飘逸迷人又庄重典雅，穿着倍感轻松，而且能平添洒脱的娇艳之美。

② 连衣裙面料之真丝——飘

真丝连衣裙顾名思义就是用真丝面料做成的连衣裙。真丝连衣裙质地柔软光滑，手感柔和、轻盈，花色丰富多彩，穿着凉爽舒适，是夏季女性喜爱的裙子。

③ 连衣裙面料之丝绵——舒服且有档次

丝绵采用100%桑蚕丝为原料，正确的全称应该是"蚕丝绵"，而在市场上常说的丝绵是"仿丝绵"，真正的蚕丝绵都会标明的。这一点，是人们的习惯叫法。

蚕丝绵具有优良的透气性、吸湿性、排湿性、保暖性。蚕丝的主要成分为动物蛋白纤维，含多种氨基酸，因而桑蚕丝绵与人体接触，令人体肌肤滑爽、洁净。

④ 连衣裙面料之纯棉——舒服

棉纤维具有较好的吸湿性，在正常的情况下，纤维可吸收周围大气中的水分，其含水率为8%～10%，所以它接触人的皮肤，使人感到柔软而不僵硬。

由于棉纤维是热和电的不良导体，热传导系数极低，又因棉纤维本身具有多孔性、弹性高的优点，纤维之间能积存大量空气，空气又是热和电的不良导体，所以不易有静电。

纯棉织物经多方面查验和实践，织品与肌肤接触无任何刺激，无副作用，久穿对人体有益无害，卫生性能良好。

⑤ 聚酯纤维——抗皱免烫

聚酯纤维，俗称"涤纶"，是由有机二元酸和二元醇缩聚而成的聚酯经纺丝所得的合成纤维，属于高分子化合物，于1941年发明，是当前合成纤维的第一大品种。聚酯纤维最大的优点是抗皱性和保形性很好，具有较高的强度与弹性恢复能力，且坚牢耐用、抗皱免烫、不粘毛。

通过详情页浏览分析对标产品面料是哪种材质。

示例：基于淘宝网对连衣裙的面料进行调研，步骤如下。

第一步：进入详情页调研分析，如图1.1.8所示。

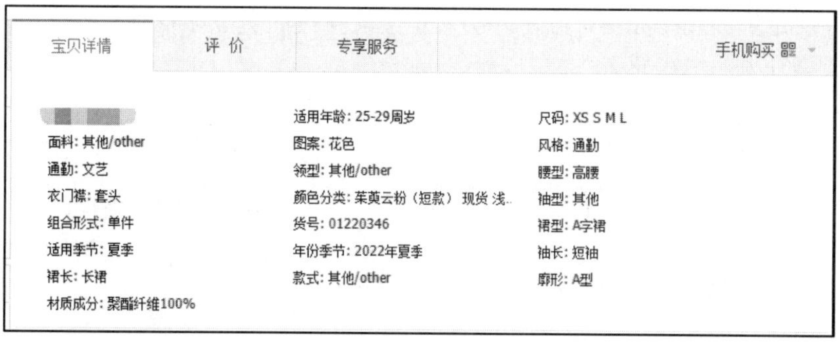

图1.1.8 面料分析

通过宝贝详情可以总结出面料材质成分是聚酯纤维。

第二步：面料颜色分析。

长短两款三个颜色，这样可以满足大部分用户。

面料有浅藤蓝、茱萸云粉、梨花米杏，如图1.1.9所示。

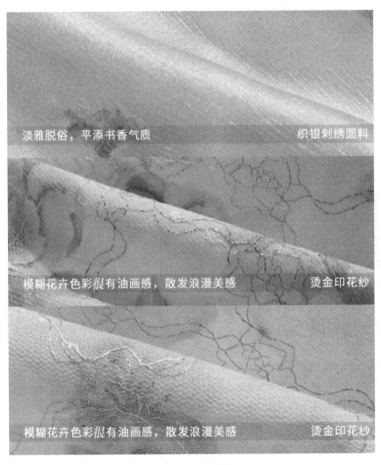

淡雅脱俗，平添书香气质　　　　织银刺绣面料

模糊花卉色彩很有油画感，散发浪漫美感　　　　烫金印花纱

模糊花卉色彩很有油画感，散发浪漫美感　　　　烫金印花纱

图1.1.9　面料展示

米杏色外层是织银刺绣面料，蓝粉外层皆是金丝穿梭的烫金印花纱，蓝色花儿朵朵分明，而粉色则是晕染开来的渲染感。

（4）拍摄场景调研与分析

产品详情页拍摄场景有室外人物拍摄、室内静物拍摄两种类型。室外人物拍摄主要用于展示服装的穿搭效果以及不同面料颜色的穿着效果。室内静物拍摄主要用于细节展示以及款式颜色说明。

示例：基于淘宝网对连衣裙的拍摄场景进行调研，步骤如下。

第一步：室外人物拍摄。

根据详情页图片显示有模特真人出境的外景实地拍摄，如图1.1.10所示。

图 1.1.10　　人物外景拍摄

第二步：室内细节拍摄。

根据详情页图片显示有室内细节拍摄，如图 1.1.11 所示。

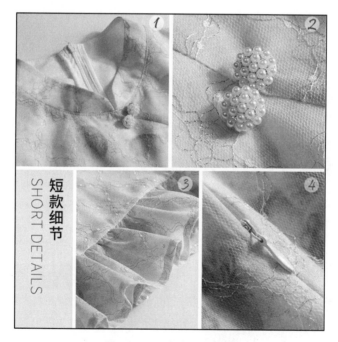

图 1.1.11　　室内细节拍摄

第三步：买家秀展示。

根据详情页图片显示有买家秀图片展示，给客户的可信度更高，如图 1.1.12 所示。

图 1.1.12　　买家秀展示

第四步：精修图展示。

根据详情页的图片显示有精修图片，用于整体展示、颜色展示、款式展示，如图 1.1.13 所示。

图 1.1.13　　精修图展示

根据以上调研分析，可以总结出有人物外景拍摄、室内细节拍摄、买家秀展示，以及精修图展示，整体详情页的拍摄场景很清晰，为后期运营活动奠定基础。

2.客户反馈调研

客户反馈调研也称客户满意度调研，是对服务性行业的顾客满意度调查系统的简称，是一个相对的概念，是客户期望值与客户体验的匹配程度。换言之，就是客户通过对一种产品可感知的效果与其期望值相比较后得出的指数。

为了加强与客户沟通，了解产品是否能满足客户的需要并对客户满意度进行信息调查，发现购买体验当中存在的问题，以解决顾客遇到的问题，努力满足客户的需要，并在此基础上持续改进，从而提升客户对产品的满意度，完善品牌的整体形象。

权威的客户服务研究机构某论坛公司投入数百名调查研究人员，用近 10 年的时间对全美零售业、信用卡、银行、制造、保险、服务维修等 14 个行业的近万名客户服务人员和这些行业的客户进行了细致深入的调查研究，发现一个可以有效衡量客户服务质量的 RATER 指数。RATER 指数是 5 个英文单词的缩写，分别代表"信赖度"（reliability）、"专业度"（assurance）、"有形度"（tangibles）、"同理度"（empathy）、"反应度"（responsiveness）。而客户对于企业的满意程度直接取决于 RATER 指数的高低。

（1）信赖度

信赖度是指一个企业是否能够始终如一地履行自己对客户所做出的承诺，当这个企业真正做到这一点的时候，就会拥有良好的口碑，赢得客户的信赖。

（2）专业度

专业度是指企业的服务人员所具备的专业知识、技能和职业素质。其包括：提供优质服务的能力、对客户的礼貌和尊敬、与客户有效沟通的技巧等。

（3）有形度

有形度是指有形的服务设施、环境、服务人员的仪表，以及服务对客户的帮助和关怀的有形表现。服务本身是一种无形的产品，但是整洁的服务环境、餐厅里为幼儿提供的专用座椅、快餐店里带领小朋友载歌载舞的服务小姐等，都能使服务这一无形产品变得有形起来。

（4）同理度

同理度是指服务人员能够随时设身处地为客户着想，真正地同情理解客户的处境、了解客户的需求。

（5）反应度

反应度是指服务人员对于客户的需求给予及时回应并能迅速提供服务的愿望。当服务出现问题时，马上回应、迅速解决能够给服务质量带来积极的影响。作为客户，需要的是积极主动的服务态度。

通过客户评价、晒图、追评等信息，总结客户的真实反馈。

示例：基于淘宝网对连衣裙的评价类型进行调研，步骤如下。

第一步：进入评价页面分析评价类型。

产品存在问题或者服务达不到要求都会产生中差评，重点分析中差评产生的原因，如图 1.1.14 所示。

图 1.1.14　评价

第二步：进入详情页面分析月销量。

通过调研发现月销近 4000 件的商品竟然没有中差评，这个数据反映出店家对产品的质量及服务都做了大量的准备能够满足顾客的需求，如图 1.1.15 所示。

图 1.1.15　月销量

第三步：分析客户真实评价。

评价系统的评价是客户购物体验最真实的反馈，在调研的过程中总结出客户提出的问题，总结归纳、重点分析造成客户不满意的原因，做出改善让顾客有更好的购物体验，如图 1.1.16 所示。

通过调研发现，产品包装用的是精致的飞机盒包装，还送了专用的防尘袋以及衣架。

当顾客收到快递拆开包装的一瞬间就会有超出预期的感觉，无论从包装还是赠品都是那么地贴心，这样大概率地降低了中差评的风险。

3.调研总结

通过以上的调研分析，可以总结出价格段、款式、服务、拍摄场景等相关信息，在分析的过程中要重点注意那些让顾客不满意的一面，这些问题就是接下来要重点去解决的，只有不断地优化产品、完善服务产品，才能积累更高的销量。

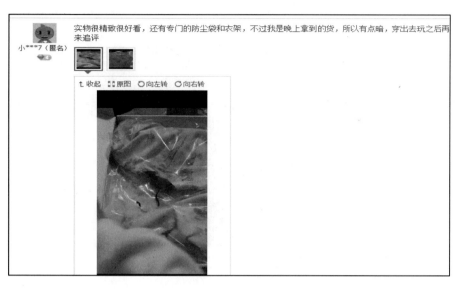

图 1.1.16 包装

技能点二 商品分类认知

商品分类是指根据一定的管理目的，为满足商品生产、流通、消费活动的全部或部分需要，将管理范围内的商品集合总体划分类别。选择适当商品基本特征作为分类标志，逐次归纳为若干个范围更小、特质更趋一致的子集合体（类目），如大类、中类、小类、细类，直至品种、细目等，从而使该范围内所有商品得以明确区分与体系化的过程。

目前，常见的分类市场调研根据客户群体的不同，分类方法有按照产品的品牌分类、按照产品的款式分类、按照产品的价格分类、按照其他方式分类等分类方法。

1. 按照产品的品牌分类

对于现在的买家来说，在搜索一件产品的时候，产品的品牌也是吸引客户的一个重要因素，因此在进行分类的时候也可以按照品牌来进行。在利用服装的品牌对服装进行分类的时候，也可以把这个品牌所生产的服装分为一个类别，而其他的服装品牌归类为其他的品牌类别，如图 1.2.1 所示。

2. 按照产品的款式分类

在服装类的产品里面，按照产品的款式分类也是常见的。在对服装进行分类的时候，可以根据服装的款式，比如说上衣、衬衫、风衣等进行分类，这样一来，如果买家对服装的款式有着不同的需求的话，那么也可以在对其进行搜索的时候能够注意到店铺的其他产品。如图 1.2.2 所示。

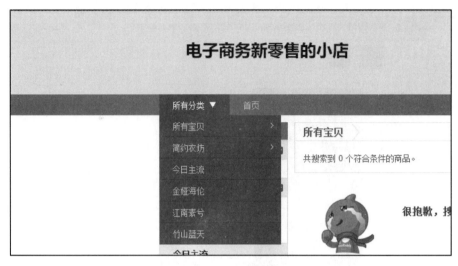

图 1.2.1   按品牌分类

图 1.2.2   按款式分类

3. 按照产品的价格分类

无论什么时候，买家在购买产品的时候，价格也都是要优先考虑的一个因素。 在淘宝网搜索的时候，里面也会有一个根据价格来筛选产品的功能，而对产品进行分类的时候其实也可以这样做，按照不同的价位来划分店铺的产品。比如 100 元以下为一类产品，101~200 元为另一类产品，这样一来，买家也可以根据自己的预算来选择其他所能够购买并且需要的产品，如图 1.2.3 所示。

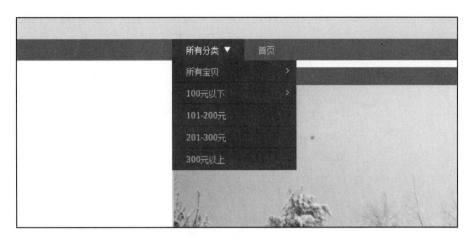

图 1.2.3　按价格分类

4. 按照其他方式分类

根据店铺的规划进行分类，如根据雪纺、真丝、纯棉面料的不同，只要方便顾客能够快速精准地找到商品就可以了。如图 1.2.4 所示。

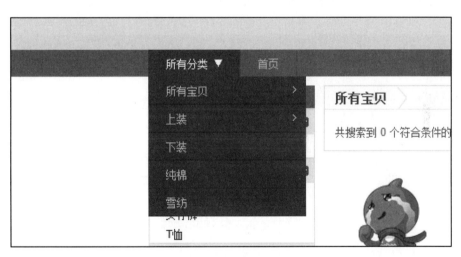

图 1.2.4　其他分类

设置好商品分类之后，就可以根据商品的属性来将商品划分到各个分类里面。这样操作之后，对于消费者来说，寻找商品会更加容易，对商品的转化也是非常有好处的。

通过分类调研分析对标产品是按照产品款式来分类的，同时也了解到对标产品的店铺经营范围比较宽泛，包含西装、毛衣等。

示例：基于淘宝网对连衣裙的分类设置流程，步骤如下。

第一步：分类设置路径。

　　登录淘宝店铺后台，在左侧工具栏找到店铺这个选项并点击，在右上方找到宝贝分类，如图 1.2.5 所示。

图 1.2.5　路径

　　点击宝贝分类进入分类设置操作界面。
　　第二步：添加手工分类。
　　在左上角找到添加手工分类，如图 1.2.6 所示。

图 1.2.6　添加手工分类

　　第三步：添加分类。
　　在添加分类之前要准备好分类的名称，特别要注意子分类的名称。如图 1.2.7 所示。

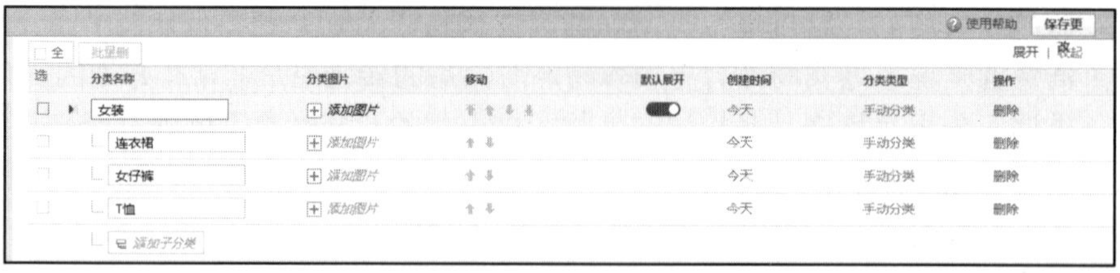

图 1.2.7　设置分类

图 1.2.7 的分类用了淘宝网女装类目的方式设置，比较简单易懂，顾客根据自身的需求能够很快地找到商品。按照这种思路把所有分类设置好，点击右上角保存更改。

第四步：检查。

进入店铺首页进行检查，是否有错误或者不准确等问题，如图 1.2.8 所示。

图 1.2.8　分类设置检查

技能点三　商品货源认知

货源就是指进货或货物商品的来源。网络上有许多网店货源代销类网站，网店代理代销是指一些网络批发商城或一些为网店提供货源的商家，为网店店主提供商品图片和商品介绍等资料而不是实物商品。当网店卖家出售商品后，再到提供货源代理的商城处下订单，同时提交买家的详细收货信息，提供货源代理的商城直接给买家发货，而网店店主在这个过程中是看不到实物的，网店店主主要是通过其赚取差价。这种模式又称网店代销、网店代理或网店加盟。其优势是：无需大量启动资金、无需囤货、无需拍照、无需物流，是风险非常低的电子商务运营模式，适合运行资金有限、技术有限、没货源渠道的网店店主。

目前，常见的商品货源调研根据面向情况的不同，有批发市场、品牌积压库存、1688 阿里巴巴、义乌购、展会等找货源方法。

1. 批发市场

普通批发市场的商品价格一般比较便宜，也是经营者最多选择的货源地。从批发市场进货一般具有以下特点：

- 进货时间、数量自由度大；
- 品种繁多、数量充足，便于卖家挑选；
- 价格低，有利于薄利多销。

图 1.3.1　批发市场

新手卖家一定要多跑地区性的批发市场。在北京的网店经营者，可以多跑跑西直门、秀水街、红桥；在上海可以跑跑襄阳路、城隍庙等。多与批发商交往，不但可以拿到很便宜的批发价格，还能熟悉行情，如图 1.3.1 所示。

通过和一些批发商建立良好的供求关系，能够拿到第一手的流行货品，而且能够保证网上销售的低价位。这不仅有利于商品的销售，而且有利于卖家很快地积累信用。

2. 品牌积压库存

品牌商品是备受关注的分类之一，很多买家都通过搜索的方式直接寻找自己心仪的品牌商品。由于销售战略和销售方法的限制，企业为了控制销售成本考虑，或者是其他的一些原因，品牌厂家推出某新款后会产生一定的积压和库存。如果你能经常淘到积压的品牌服饰、鞋等货物，拿到网上卖一定会从中取得不少利润，这主要是因为品牌积压库存有其自身的优势。

品牌库存的优点：

● 质量好，市场竞争力强；

● 需要量大、市场前景好；

● 利用网络的地域性差异提高价格。

有些品牌商品的库存积压很多，一些商家干脆把库存全部卖给专职网络销售专家。不少品牌虽然在某一地域属于积压品，但由于网络无界限的特性，完全可使其在其他地域成为畅销品。如果你有足够的砍价本领，能以低廉的价格把商家手中的库存拿下，就一定能获得丰厚的利润，如图 1.3.2 所示。

3. 1688 阿里巴巴线上寻找货源

1688 阿里巴巴作为目前规模最大的综合性货源网站，也是电商卖家们选择货源的主要平台，如图 1.3.3 所示。

下面带大家来了解一下 1688 阿里巴巴找货源的优点，就知道其是不是合适的货源。

● 支持一件代发；

- 可以分销不用垫付资金；
- 支持一键上传图片；
- 货源充足且便宜。

图 1.3.2　品牌积压库存

图 1.3.3　1688 阿里巴巴

4. 义乌购

以义乌市场为核心，覆盖全国小商品产业带优质供应商，一手货源，种类繁多，是小商品卖家的主要货源网站。

义乌购的实惠优势一方面在于它上面有大量的工厂店，很多商家都是一手货源，没有中间商赚差价。另一方面就是义乌购平台没有扣点，商家的成本比较低，顾客的议价空间比较大。如图 1.3.4 所示。

图 1.3.4　义乌购

5. 从线下展会上寻找货源

一般平台或者机构会定期组织一些线下的选品大会，如果有优质或者奇特的产品，供应商会很愿意展示，所以跨境电商卖家可以去展会或者选品大会挖掘这个供应商，找到自己想要的产品。如图 1.3.5 所示。

图 1.3.5　线下展会

通过上面的学习，了解网络调研和实践的相关概念、平台市场调研、客户反馈调研、分类调研、找货源流程。通过以下几个步骤，完成 1688 阿里巴巴采购网找货源。

第一步：同款找货源。

① 用图片搜索找同款货源。

首先登录 www.1688.com，如图 1.4.1 所示。

图 1.4.1　登录 1688

② 在搜索栏可以看到一个相机模样的图片，点击上传要找的款式图片，如图 1.4.2 所示。

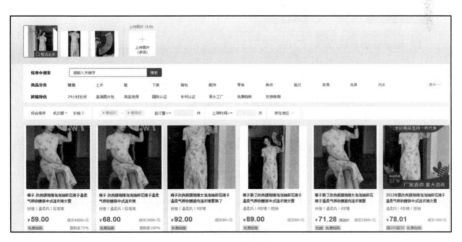

图 1.4.2　找同款

第二步：调研分析货源。

这个页面有很多的货源都是同款，现在要去分析一下看看哪家更适合合作。可以从成交额、评价、图片等信息展开分析。

① 首先按照成交额排序分析一下，这些没有成交的就不用去看了，如图 1.4.3 所示。

图 1.4.3 没有成交

② 分析一下成金最高的店铺，点击代发分析一下，在价格的下面可以看到起批量是 3 件，这种就不适合做代发，因为不能保证每个客户都一次购买 3 件，客户购买了 1 件也不可能给他发 3 件过去，如图 1.4.4 所示。

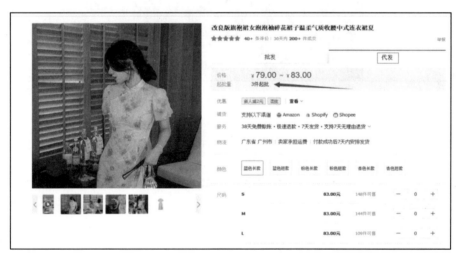

图 1.4.4 3 件起批

③ 分析下一家店铺，这家店铺支持 1 件代发，适合做分销，价格也比上一家有所优惠，如图 1.4.5 所示。

第三步：成本核算。

在这里只考虑在 1688 阿里巴巴进货成本的核算，成本=商品价格+运费。这里需要注意的是各省份的运费分别是多少钱，如新疆运费是 25 元，如图 1.4.6 所示。

从商家发货地广州到达各省份的运费是有很大差异的，这个需要特别注意。也可以对省份邮费较高的地区不包邮收取一些运费，也可以选择包邮，这就取决于运营人员的决策。

可以简单地对比一下利润，淘宝零售价格 189 元起，阿里巴巴代发价格 100 元以内。在不推广的情况下利润还是很可观的，如图 1.4.7 所示。

图 1.4.5　1 件起批

图 1.4.6　新疆运费

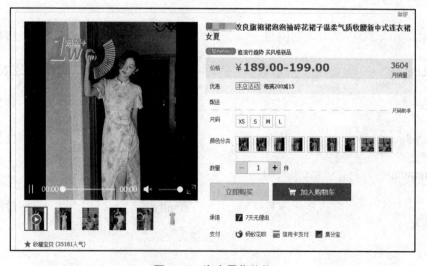

图 1.4.7　淘宝零售价格

任务总结

　　本项目介绍了网络调研与实践相关知识点，分别从商品市场调研、商品分类、商品货源、1688阿里巴巴采购批发网选品等方面展开学习，以逐条分步的形式帮助学生掌握商品调研的方法和流程，学习之后可以对网络调研有更好的认识与了解。

　　本项目需要花费大量的时间展开市场调研，一定要养成良好的自律习惯，按照要求完成技能点的学习以及课后练习。

　　自律，是指在没有人现场监督的情况下，通过自己要求自己，变被动为主动，自觉地遵循法度，拿它来约束自己的一言一行；又是指不受外界约束和情感支配，据自己善良意志按自己颁布的道德规律而行事的道德原则。

　　遵循法纪，自我约束。自律是一种不可或缺的人格力量，没有它，一切纪律都会变得形同虚设。真正的自律是一种信仰、一种自省、一种自警、一种素质、一种自爱、一种觉悟，它会让你发觉健康之美，感到幸福快乐、淡定从容、内心强大，永远充满积极向上的力量。

　　增强中华文明传播力影响力，党的二十大报告指出："坚守中华文化立场，提炼展示中华文明的精神标识和文化精髓，加快构建中国话语和中国叙事体系，讲好中国故事、传播好中国声音，展现可信、可爱、可敬的中国形象。""加强国际传播能力建设，全面提升国际传播效能，形成同我国综合国力和国际地位相匹配的国际话语权。""深化文明交流互鉴，推动中华文化更好走向世界。"

英语角

network	网络	cheongsam	旗袍
research	调研	dress	连衣裙
practice	实践	with the money	同款
supply of goods	货源	classification	分类
procurement	采购	undertakes to	代发
retail	零售	finally	最后

1. 单选题

（1）以下不属于常见的网店货源的是（　　）。

A.1688网　　　　　B.天猫供销平台　　C.线下批发市场　　　D.淘宝

（2）以下不属于淘宝网店在线支付方式的是（　　）。

A.借呗　　　　　　B.花呗　　　　　　C.分期免息　　　　　D.信用卡

（3）以下不属于商品信息的是（　　）。

A.品牌名称　　　B.商品名称　　　　C.商品用料　　　　　D.售卖点

（4）在淘宝中，一个商品链接通常会显示（　　）张商品主图。

A.1　　　　　　　B.3　　　　　　　C.4　　　　　　　　D.5

（5）商品主图的比例一般为（　　）。

A.1:1　　　　　　B.16:9　　　　　C.9:16　　　　　　D.3:4

2. 填空题

（1）商品主图的标准像素大小为＿＿＿＿＿＿＿＿＿＿＿＿＿＿。

（2）店铺招牌的尺寸一般为＿＿＿＿＿＿＿＿＿＿＿＿＿＿。

（3）分析＿＿＿＿＿＿、＿＿＿＿＿＿和＿＿＿＿＿＿是做好网店定位的基本前提。

（4）开通网店时，需要＿＿＿＿＿＿、＿＿＿＿＿＿。

（5）天猫店铺发布商品前，需要＿＿＿＿＿＿。

3. 简答题

（1）简述网上开店的流程。

（2）简述找货源的流程。

项目二 数据化上架商品

通过对数据化上架商品的学习，掌握运费模板设置、商品上下架时间优化与定位、发布商品的关键要素与流程的基本方法，掌握分析定位上架时间与商品上架的能力。在任务实施过程中：

- 掌握运费模板设置；
- 掌握商品上下架时间优化与定位；
- 掌握发布商品的关键要素与流程；
- 掌握女装女士精品/连衣裙发布商品准备与实践操作。

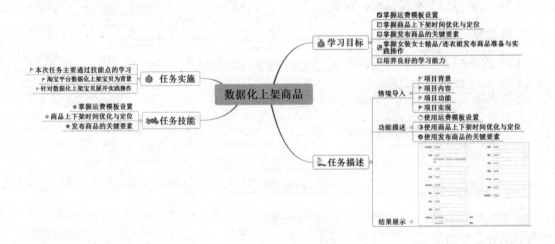

【情境导入】

在确定宝贝类目后,接着要确保宝贝属性的正确性。实际上,与宝贝类目的重要性相似,宝贝属性也是一个不能填错和漏填的环节,如果卖家不慎填错属性,同样属于违规行为,会受到降权的处罚。属性表达的意思相同但描述不同,从数据上分析有着很大的差异,通过数据分析得到数据并匹配产品的属性词作为基础再发布宝贝。本项目通过数据化上架商品的讲解,实现运费模板设置、商品上下架时间优化、连衣裙发布商品准备与实践操作的应用。

【任务描述】

- 商品市场调研认知;
- 商品分类认知;
- 商品货源认知;
- 1688 阿里巴巴采购批发网选品。

技能点一 运费模板设置

运费模板是针对交易成交后卖家需要频繁修改运费而推出的一种运费工具。通过运费模板,卖家可以解决不同地区的买家购买商品时运费差异化的问题,还可以解决同一买家在店内购买多件商品时的运费合并问题。

目前,常见的运费模板设置,有包邮、不包邮的方法。

1.分析各省运费

由于发货地不同,发往各地的运费也不相同,仔细分析代发厂家的运费情况或与快递沟通,记录好运费的基本情况。

分析各省运费,通过页面整理出各省份邮费明细。下面以 1688 阿里巴巴平台作为依据,展开各省运费分析。

（1）包邮

简单地讲，包邮即商品的价格加邮费，拍下后不用补邮费差价。尤其是现在的电子商务平台，都会以包邮来吸引客户前来购买。商家承担运费，如图2.1.1所示。

图2.1.1　包邮

示例：基于1688阿里巴巴平台对连衣裙的邮费进行分析，步骤如下。

第一步：登录1688阿里巴巴平台找到代发商家产品。

找到代发的商品链接，进入代发的页面，如图2.1.2所示。

批发		代发
价格	¥578.00	
起批量	▮件起批	
优惠	粉丝首单立减5.0元　满100元包邮　混批　查看 ∨	
服务	极速退款·7天包换·材质保障·7天发货 ∨	
物流	湖北省 武汉市 至 请选择 ∨ ｜ 付款成功后7天内安排发货	
颜色	杏色	
尺码	S　　　　　　　578.00元　　　15件可售　　　－　0　＋	

图2.1.2　代发商品

第二步：查看浙江运费。

江浙沪是物流的发源地，运费成本相对较低。进一步查看运费情况，如图2.1.3所示。

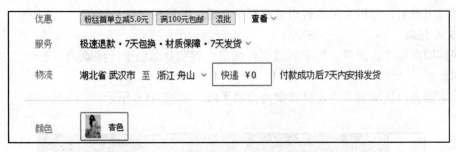

图 2.1.3 浙江运费

第三步：查看青海运费。

青海属于偏远地区，大多数商家都不会包邮。进一步查看运费情况，如图 2.1.4 所示。

服务	极速退款·7天包换·材质保障·7天发货 ∨
物流	湖北省 武汉市 至 青海 海西蒙古族藏族自治州 ∨ 快递 ¥0 付款成功后7天内安排发货

图 2.1.4 青海运费

第四步：总结分析。

查看所有省份的运费情况，核实是否都是没有运费。要养成良好的学习习惯，认真仔细查看。如图 2.1.5 所示。

物流	湖北省 武汉市 至 青海 海西蒙古族藏族自治州 ∨ 快递 ¥0

福建	四川	云南	青海	台湾	安徽	江苏
陕西	河北	宁夏	海南	山西	上海	西藏
江西	河南	新疆	内蒙古	天津	黑龙江	浙江
广西	湖南	北京	辽宁	香港	重庆	湖北
澳门	贵州	山东	吉林	广东	甘肃	

陇南	张掖	金昌	嘉峪关	武威	平京	临夏回族自治州	酒泉
白银	甘南藏族自治州	庆阳	天水	兰州	定西		

图 2.1.5 各省份运费

根据以上查看，分析全国各省市运费都是 0 元，这种情况就是包邮。

（2）不包邮

不包邮即商品不含邮费，拍下后需要付邮费。有些商品由于价格原因不适合包邮，需要顾客支付运费。

通常店铺会以店铺满多少元包邮作为营销手段，如图 2.1.6 所示。

图 2.1.6　满包邮

示例：基于 1688 阿里巴巴平台对连衣裙的邮费进行分析，步骤如下：

第一步：登录 1688 阿里巴巴平台找到代发商家产品。

找到代发的商品链接，进入代发的页面，如图 2.1.7 所示。

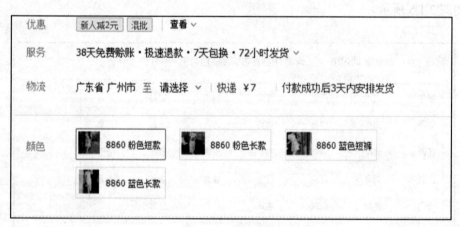

图 2.1.7　代发商家

第二步：查看浙江邮费。

江浙沪是物流的发源地，如果浙江有运费设置的话，其他省份收取邮费的可能性极大。进一步查看运费情况，如图 2.1.8 所示。

图 2.1.8　浙江邮费

第三步：查看新疆运费。

新疆面积特别大，快递从珠三角寄出，运往新疆乌鲁木齐，如果使用飞机空中运输，需要七八个小时；通过火车运输，需要不间断地行驶几天几夜；通过货车运输，需要的时间更长，最快也需要一个星期。

再一个就是成本问题。不论是飞机运输、火车运输还是货车运输，运输费用都已经超过其商品本身。另外，在当地的派送也是个问题，新疆地域广袤，快递小哥往往奔波一整天才能送几个快递，快递公司还要支付高昂的人工费用。

根据以上分析，进一步查看新疆运费，如图 2.1.9 所示。

图 2.1.9　新疆邮费

第四步：查看总结各省运费。

从浙江到新疆由于地理等因素导致运费不相同。总结统计各省份运费具体情况，运费为 7 元的地区如下：

河北省、山西省、辽宁省、吉林省、黑龙江省、江苏省、浙江省、安徽省、福建省、江西省、山东省、河南省、湖北省、湖南省、广东省、海南省、四川省、贵州省、云南省、陕西省、甘肃省、青海省、内蒙古自治区、广西壮族自治区、宁夏回族自治区、北京市、天津市、上海市、重庆市。

运费为 11 元的区域如下：

西藏自治区和新疆维吾尔自治区。

运费为 55 元的区域如下：

香港特别行政区、澳门特别行政区、台湾省。

通过以上分析总结，不包邮的运费分为三个价格段，分别为 7 元、11 元和 55 元。

2.运费模板设置

结合以上内容，总结出运费分为包邮和不包邮的两种基本情况。下面以淘宝店铺为例，展开运费模板设置实践操作。

（1）包邮运费模板设置

根据以上分析大部分省份和地区都支持包邮，可以设置包邮的运费模板，也就是常说的包邮。

示例：基于淘宝平台包邮运费模板设置，步骤如下。

第一步：登录淘宝平台进入交易→物流工具，如图 2.1.10 所示。

图 2.1.10　物流工具

第二步：进入运费模板设置，如图 2.1.11 所示。

第三步：进入新增运费模板，如图 2.1.12 所示。

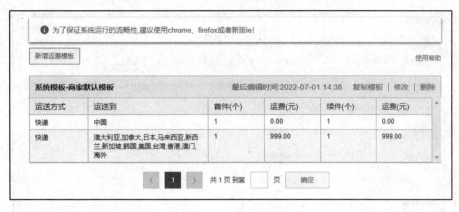

图 2.1.11　运费模板设置

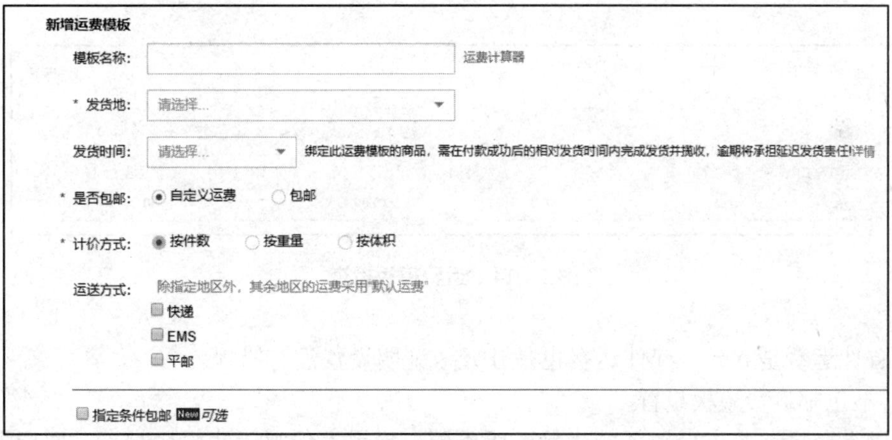

图 2.1.12　新增运费模板

第四步：填写模板相关信息。

模板名称。为了方便发布宝贝时对运费模板进行选择，起名要简短，意思明确，辨识度高。发货地采用代发厂家发货地址。发货时间根据店铺情况不同有所差异，天猫要求 48 小时内发货，淘宝店铺要求 72 小时内发货。根据具体情况填写，计价方式在包邮的情况下无论选择哪种计价方式都是包邮，所以任意选择一个。配送方式选择快递。点击保存并返回，如图 2.1.13 所示。

第五步：检查。

每年由于运费设置错误导致的亏损案例层出不穷，所以要养成良好的检查习惯。如图 2.1.14 所示。

图 2.1.13 填写模板信息

新增运费模板					使用帮助
包邮		最后编辑时间:2022-08-02 14:14	复制模板 | 修改 | 删除		
运送方式	运送到	首件(个)	运费(元)	续件(个)	运费(元)
快递	中国	1	0.00	1	0.00

图 2.1.14 运费模板检查

图中首件运费是 0 元,续件运费也是 0 元,证明设置没有错误。

(2)不包邮运费模板设置

根据以上分析,各省份地区的运费有所不同,设置不包邮运费模板时,需要根据地理位置的差异有着不同的运费。

示例:基于淘宝平台不包邮运费模板设置,步骤如下。

第一步:进入新增运费模板添加不包邮运费模板。

第二步:填写运费模板基本信息。

模板名称不包邮,发货地采用代发厂家发货地址,发货时间三天内,运费选择自定义运费,计价方式选择按重量,运送方式选择快递,如图 2.1.15 所示。

第三步:为指定地区设置运费。

根据各省份地区的运费分析,得到运费分为三个价格段,分别为 7 元、11 元、55 元。按照地区设置,如图 2.1.16 所示。

第四步:保存并检查。

检查运费设置情况,发现问题点击左上角"修改"进行编辑,如图 2.1.17 所示。

如果运费模板有不需要的内容可以点击右上角的"删除"进行清理。

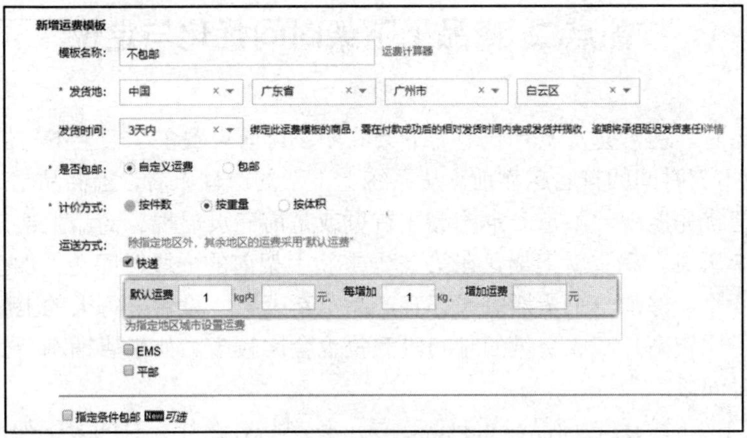

图 2.1.15　运费模板信息

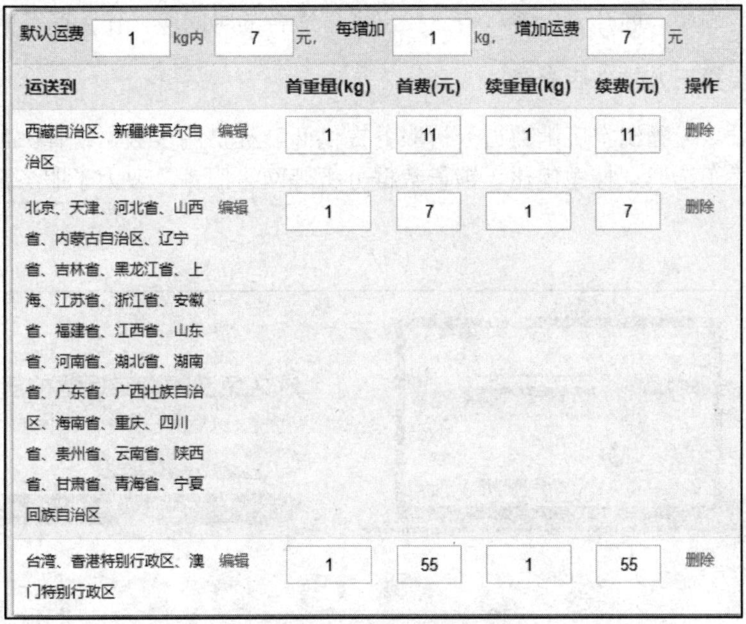

图 2.1.16　运费模板信息

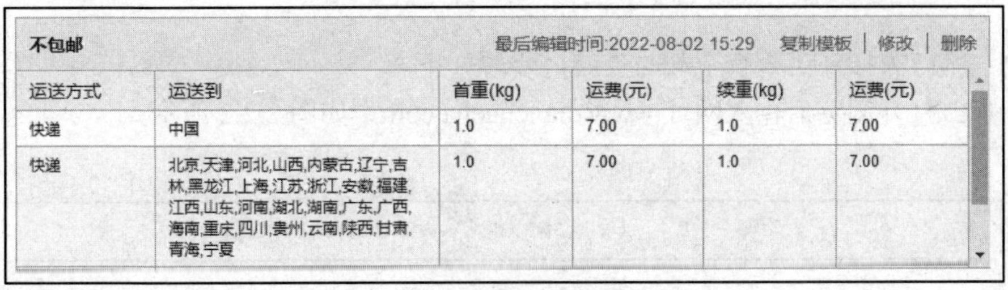

图 2.1.17　保存检查

技能点二　商品上下架时间优化与定位

在上传产品时，通常会发现有一个上下架周期，目前设置了 7 天上下架的规则。

① 越靠近下架时间的排名越靠前。从系统上下架的原理来看，当商品临近下架时，有优先展现机会，但优先展现并不是一定能够在首页或是前三页展现。商品上架只有第一次需要手动，然后每 7 天会自动重新上架，在第 7 天重新上架前的一段时间会增加搜索权重。上架时间可以间隔开来，保证一个星期每天都有产品重新上架。设置好每天的上架时间段，哪个时间段的成交量比较高，高成交量的时间段竞争也会比较多。如果店铺刚开始做，可以选竞争压力较小的时间段。

② 越接近下架时间段，商品权重越高。要了解产品会在什么时间段下架，会在什么时间段排名很靠前，然后加以利用。

③ 目前，常见的上下架时间分析是通过第三方插件来实现的。通过上下架时间分析商品的自然搜索排名顺序，展开分析并总结，找出竞争适合的时间段，作为商品的上架时间。

1. 下载安装第三方插件店查查

店查查是一家天猫淘宝店铺数据分析服务提供商，提供淘宝数据统计、店铺关注、商品价格关注、直通车选词、标题优化、销售数据分析等网络服务，致力于服务商家，解决商家数据痛点。

图 2.2.1　店查查

示例：第三方插件店查查下载与安装，步骤如下。

第一步：打开浏览器输入网址 www.dianchacha.com，如图 2.2.2 所示。

图 2.2.2　店查查网址

第二步：进入店查查插件页面，如图 2.2.3 所示。

图 2.2.3 店查查插件页面

第三步：下载与浏览器对应的插件。如图 2.2.4 所示。
下载插件时要注意文件保存路径，确保能找到下载好的文件，推荐保存桌面。

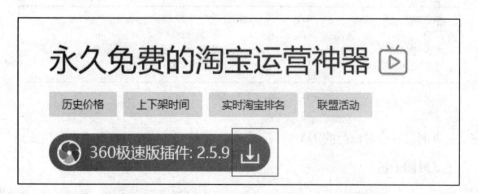

图 2.2.4 下载插件

第四步：安装插件。
找到下载好的文件，双击运行并安装，如图 2.2.5 所示。

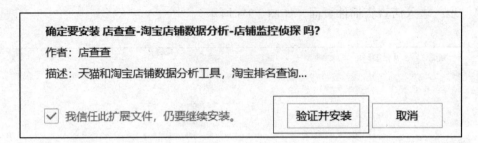

图 2.2.5　安装插件

第五步：检查。

以搜狗浏览器为示例，在右上角找到显示菜单→选项→扩展管理，可以看到已经安装好的插件，如果没有，需要重新安装，如图 2.2.6 所示。

图 2.2.6　检查

第六步：简单测试。

安装好插件以后，进入淘宝平台，搜索任意关键词进行测试，如图 2.2.7 所示。

图 2.2.7　测试

在商品页面可以查看商品的下架时间，也有查看不到的情况，需要进入详情页进行查看。

2. 上下架时间分析

竞争对手分析，知己知彼。仅将自己的上下架安排好还远远不够，还要分析竞争对手的数据和分析变化莫测的行业数据。如果店铺中某个爆款与竞争对手的爆款有所差距，就需要将上下架时间设置在与竞争对手没有重叠的时间点上，以免受到影响。按照连衣裙默认排序或销量排序，展开上下架时间分析。

示例：基于淘宝平台对连衣裙的上下架时间进行分析，步骤如下。

第一步：进入淘宝平台，在搜索框输入连衣裙，按照销量排序，如图 2.2.8 所示。

图 2.2.8　按销量排序

第二步：统计每个店铺爆款的上下架时间。

围绕店铺名、销量、店铺类型、价格、下架时间这几项信息进行统计，统计的商品越多数据越精准。建议用表格展开统计，如图 2.2.9 所示。

店铺名称	店铺类型	下架时间	销量（件）
亚历XX食品专营店	天猫	2023/4/18 14:39	26083
精XX材城	淘宝	2023/4/18 16:53	1779
猫X旗舰店	天猫	2023/4/19 10:44	2947
谷X食品专营店	天猫	2023/4/19 10:55	58115
三X旗舰店	天猫	2023/4/20 8:46	6028
航X食品专营店	天猫	2023/4/20 14:02	5415
良XX旗舰店	天猫	2023/4/20 23:33	23346
研XXX专营店	天猫	2023/4/21 0:00	2188
妙XX食品专营店	天猫	2023/4/24 0:00	3644
亿XX食品专营店	天猫	2023/4/24 10:18	3907
盛XX食品专营店	天猫	2023/4/24 16:53	42052
猫X食品专营店	天猫	2023/4/24 23:48	3435

图 2.2.9　下架时间统计

第三步：统计数据展开分析。

根据上下架时间周期为 7 天，分析得到从 3 号到 9 号是 7 天，3 号下架的商品有 3 家，4 号下架的商品有 1 家，5 号下架的商品有 1 家，6 号下架的商品有 2 家，7 号下架的商品没有，8 号下架的商品有 3 家，9 号下架的商品有 3 家。经过以上的数据分析 7 号这一天没有商品下架，这天的市场竞争较小，可以选择在 7 号这天将产品下架。

在表格中可以采用排序的方式，简单明了，如图 2.2.10 所示。

店铺名称	店铺类型	下架时间	销量（件）
谷X食品专营店	天猫	2023/4/19 10:55	58115
盛XX食品专营店	天猫	2023/4/24 16:53	42052
亚历XX食品专营店	天猫	2023/4/18 14:39	26083
良XX旗舰店	天猫	2023/4/20 23:33	23346
三X旗舰店	天猫	2023/4/20 8:46	6028
航X食品专营店	天猫	2023/4/20 14:02	5415
亿XX食品专营店	天猫	2023/4/24 10:18	3907
妙XX食品专营店	天猫	2023/4/24 0:00	3644
猫X食品专营店	天猫	2023/4/24 23:48	3435
猫X旗舰店	天猫	2023/4/19 10:44	2947
研XXX专营店	天猫	2023/4/21 0:00	2188
精XX材城	淘宝	2023/4/18 16:53	1779

图 2.2.10　排序

第四步：上架时间计算。

通过以上分析，7 号下架是做不到的。根据上下架时间规则，每 7 天一次自动上下架，如果赶不上 7 号上架商品，可以选择下一个周期 14 号上架商品。

时间段可以根据情况进行选择，推荐 20:00 左右这个时间段。

经过以上分析，商品上架时间确定在 2022 年 8 月 14 日 20:00 上架，这一天是星期天，流量比较大。

3. 定位

淘宝免费流量日益激烈。为了能够获取更多的免费流量，不少卖家将全店商品一起上下架调整，这种方法不科学。按照淘宝展现规则，当关键词被搜索的时候，最多可以展现两个同店商品。为了让同类产品获得更多的展现机会，同类产品要区分开；即使是不同子类目的产品，为了获取更多流量，也不要过于集中上下架。如果店铺的产品数量非常少或者同类的产品非常少，那么再把时间精细化，比如说重点在每周的星期几的几点钟上下架。这个上下架调整并非一成不变，要分析几个周期的数据，进行实时调整。如图 2.2.10 所示，同类产品放在一起区分时间段，不同类产品分开几个计划操作。

可以把店铺产品分成"爆款""热销款""一般款""滞销款"等来具体安排商品上下架。这样安排的话，爆款就可以占据每周里面最有优势的时间段，其他标签的产品就按照每周的销售热度重排。按产品分类来排布商品上下架时间比随机安排上下架更有优势。

要分析竞争对手的数据，分析变化莫测的行业数据。如果店铺里面的某个爆款跟竞争对手的爆款有所差距，那么最好跟竞争对手的时间稍微错开，以免受到影响。

技能点三　发布商品的关键要素

发布商品是淘宝运营中的重要环节，淘宝店铺运营都要围绕上架的商品来进行，上架商品的时候要关注一些小细节，这些细节会直接影响整个店铺的运营。

目前，发布商品常见的关键要素有类目、属性、主图、上下架时间、价格、标题。

1. 类目

确定产品所属的类目，发布在正确的类目之下才会有正常的流量。通过淘宝里的类目搜索来确定，点击"发布宝贝"，然后在类目搜索输入自己产品的关键词，点击"查询"。如图 2.3.1 所示。

图 2.3.1 商品类目

2. 属性

属性一定不能写错，如果写错，可能会出被降权，影响直通车推广的效率。填写内容要切合实际，不能弄虚作假，食品类目要特别注意保质期，服装类目要注意面料成分，如图 2.3.2 所示。

图 2.3.2 属性

3. 主图

分析同行，去看同行的优势，主图、详情页、评论都要看，提炼出不同的卖点，这样才能脱颖而出。五张主图，淘宝官方有要求，第五张须使用白底图（除了产品外，背景全白）。这么操作的作用就是可以加权，可增加流量入口。淘宝首页的入口图就是抓取第五张，淘宝为了整个页面整洁高大，会主动抓取第五张主图，如图 2.3.3 所示。

图 2.3.3 主图

4. 上下架时间

上下架是 7 天为一个周期，在宝贝临近上下架时间的时候，平台会提供一次优先展示的机会。上架的周期是指商品在第一次上架后 7 天或者 14 天后有一个虚拟的下架，再自动重新上架。需要注意的是：商品上架 7 天或者 14 天以后并不是把商品重新下架到仓库中，此过程是虚拟的下架过程，商品依旧是在正常的出售之中，这个与实际的下架是有本质的区别的；下架时间是淘宝搜索排名中比较重要的一个因素，越接近下架时间的商品，排名就会越靠前。

根据原理找到适合商品的上下架时间。

5. 价格

商品的定价可参考项目价格分析，分析哪个价格段是客户容易接受的，如图 2.3.4 所示。

图 2.3.4 价格段

6. 标题

在发布商品的时候，优化标题也是很重要的一个环节。字符要写满且不能违规，也可以通过生意参谋市场去分析关键词的数据，还可以通过直通车流量解析数据透视去分析关键词的数据作为参考。利用数据好的关键词进行组合标题，重点看点击率、转化率、搜索人气这几项数据，如图 2.3.5 所示。

关键词	搜索人气	搜索人数占比	搜索热度	点击率	商城点击占比	在线商品数	直通车参考价
手表女	120,190	32.34%	286,587	122.42%	58.74%	781,731	1.52
dw手表女	46,430	6.32%	96,135	158.08%	89.22%	13,489	1.19
浪琴手表女	40,642	5.04%	81,191	87.08%	74.26%	9,474	1.81
卡西欧手表女	35,299	3.97%	76,782	121.30%	83.56%	14,125	1.29
女士手表防水时尚款女…	21,345	1.71%	58,513	112.10%	65.72%	10,980	1.36
手表女 时尚潮流 防水	19,257	1.44%	44,711	112.01%	54.69%	92,159	1.15
手表女质约	18,057	1.29%	41,314	130.07%	45.01%	210,481	1.11
手表女 浪琴	17,057	1.27%	24,372	41.29%	66.28%	9,474	1.01
手表女ck	17,735	1.26%	27,940	60.31%	64.50%	12,109	1.39
手表女 卡西欧	17,595	1.24%	30,002	81.56%	83.41%	14,125	1.29

图 2.3.5　关键词数据

通过上面的学习，了解运费模板设置、商品上下架时间分析与定位、发布商品的关键要素，通过以下几个步骤，完成女装女士精品/连衣裙的商品发布。

第一步：准备好详情页图片。

图片可以联系代发厂家提供，也可以自己拍摄或者其他途径获取，如图 2.4.1 所示。

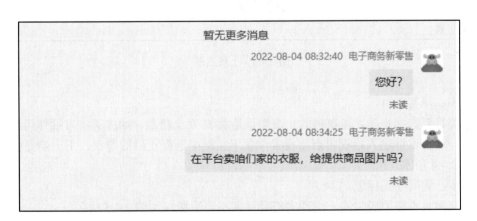

图 2.4.1　联系代发厂家

第二步：登录淘宝平台。

登录淘宝平台进入商品→发布宝贝，如图 2.4.2 所示。

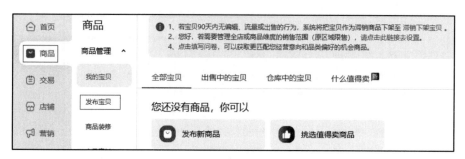

图 2.4.2　发布宝贝

第三步：上传主图

首次上传图片需要激活图片空间，平台上所有图片都是存储在图片空间的。把准备好的 5 张主图上传，主图尺寸推荐 800*800 像素，如图 2.4.3 所示。

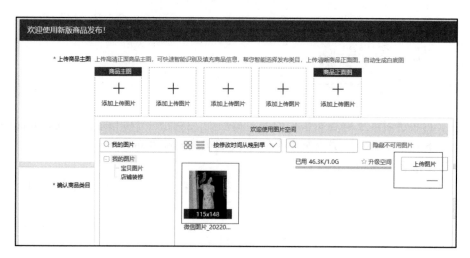

图 2.4.3　上传主图

第四步：填写类目.

商品类目要选择正确，连衣裙的一级类目是女装/女士精品，通过第三方插件店查查也可以查询到。在搜索框输入连衣裙点击搜索，在下拉框中选择正确的类目，下一步完善商品信息，如图 2.4.4 所示。

第五步：编写商品标题。

编写标题时不要用极限词，注意字符要写满不要浪费，如图 2.4.5 所示。

第六步：填写类目属性。

① 根据实际情况填写产品的重要属性，填写属性越完整，越有可能影响搜索流量，越有机会被消费者购买，如图 2.4.6 所示。

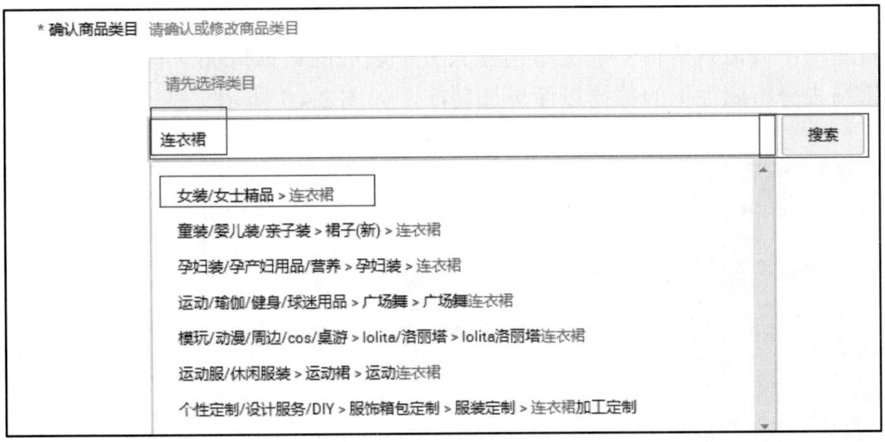

图 2.4.4 填写类目

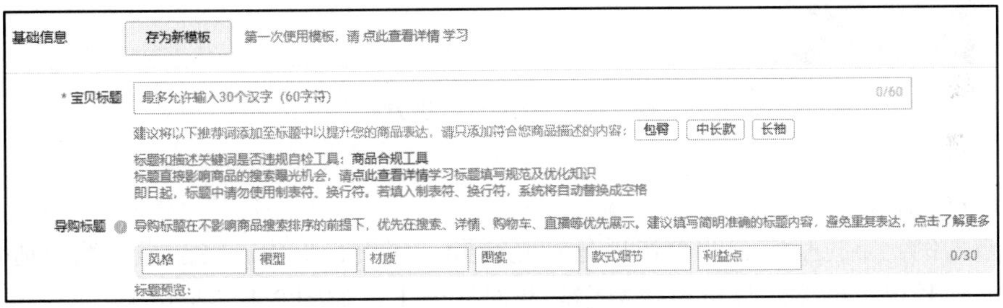

图 2.4.5 编写标题

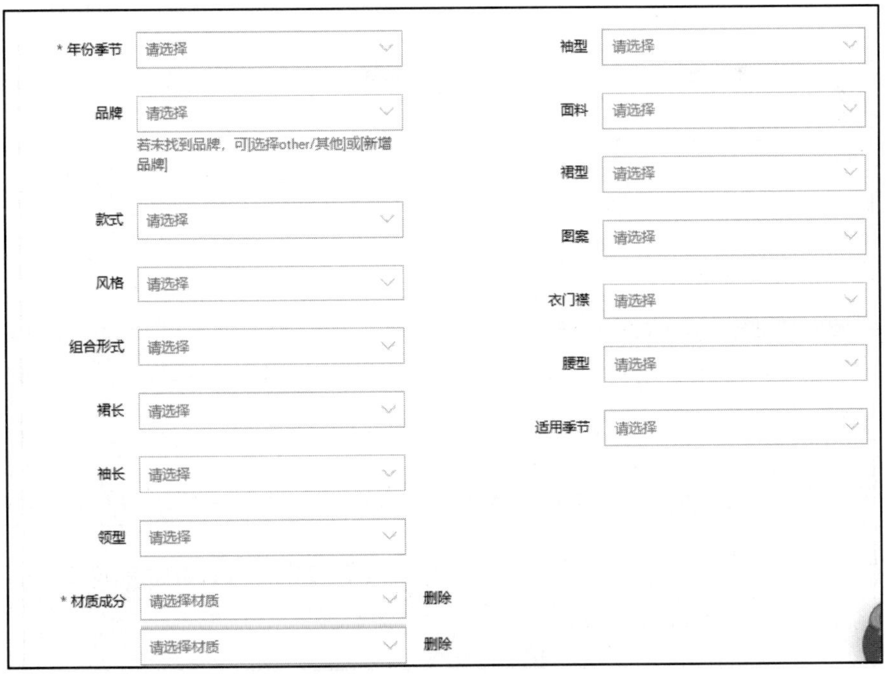

图 2.4.6 填写类目属性

② 结合数据填写属性。

通过直通车工具流量解析中的流量透视去分析属性的数据情况，有条件的店铺可以通过生意参谋市场去分析属性词的数据以便更加精准，如图 2.4.7 所示。

图 2.4.7　直通车数据分析

③ 分析市场数据趋势。

以风格为例。下拉框中有四个选项分别是通勤、甜美、街头、洛丽塔，选择适合商品本身的风格，同时也可以通过分析市场数据趋势对比一下，如图 2.4.8 所示。

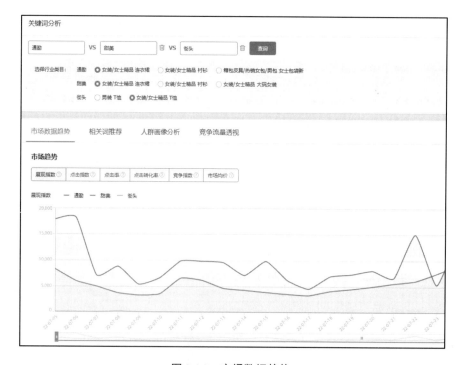

图 2.4.8　市场数据趋势

④ 流量透视分析

通过流量透视可以分析出属性词具体的点击率、转化率、展现指数等重要数据信息作为参考依据，如图2.4.9、图2.4.10所示。

图 2.4.9 通勤数据

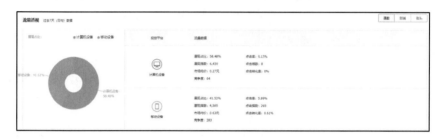

图 2.4.10 甜美数据

通过以上数据分析对比，通勤PC端占比高而甜美移动端占比高，展现指数甜美比通勤高1000点左右。两者点击率不相上下，但是转化率却差距很大。通勤的转化率不到1%，甜美的转化率2%多。在没有通过数据分析的前提下是无法断定哪个属性词的数据更好，要合理运用工具来分析。

可以参照上述方法展开数据化上架商品，同时标题也可以利用数据分析来编写，每用到的一个词都是有数据作为支持而不是凭空想象的。

第七步：填写颜色分类。

连衣裙有很多的颜色，需要在颜色分类中描述清楚，客户才能一目了然。点击主色（必选）出现下拉框根据衣服颜色进行选择即可，如图2.4.11所示。

图 2.4.11 填写颜色分类

第八步：填写尺码。

服装的种类不同采用的尺码也各不相同，其中较为常见的是通用，也就是国标和中国码两种，以代发厂家给的尺码为准。厂家用的是中国码，这里同样采用中国码，核对尺码范围都有哪些码，如图 2.4.12 所示。

图 2.4.12　填写尺码

第九步：填写宝贝销售规格。

根据实际情况填写销售价格、数量等相关信息，可以利用右上角的批量填充进行快速填写，如图 2.4.13 所示。

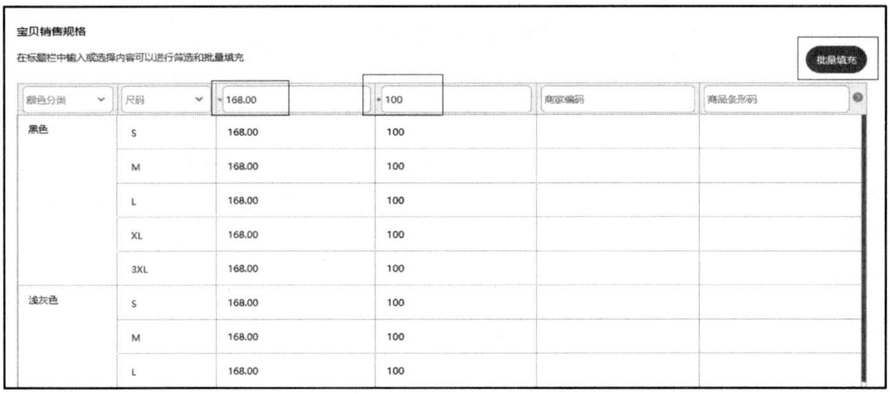

图 2.4.13　填写宝贝销售规格

第十步：提取方式。

选择使用物流配送，在运费模板中选择已经设置好的匹配产品的运费模板，如图 2.4.14 所示。

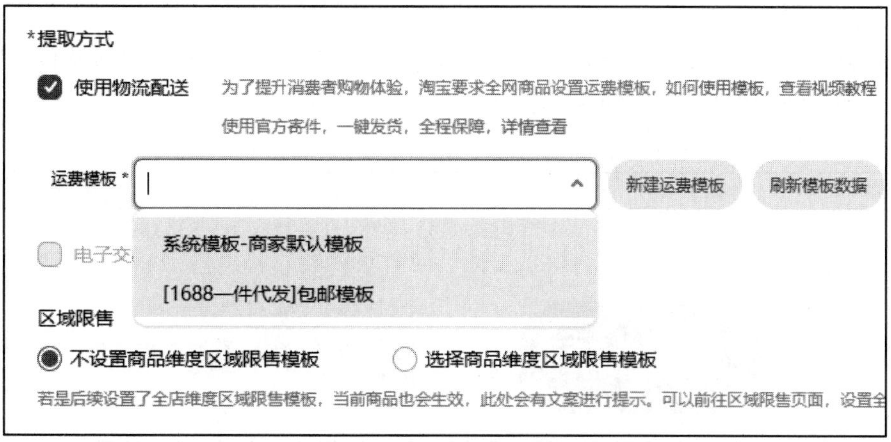

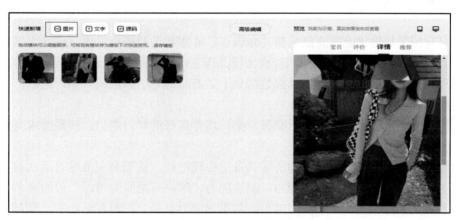

图 2.4.14 提取方式

第十一步：填写详情描述。

上传详情页图片时注意图片排序，不要把位置弄错了，在下方找到图片，点击并按照图片顺序上传，如图 2.4.15 所示。

图 2.4.15 详情描述

第十二步：上架时间。

根据具体情况选择立刻上架、定时上架、放入仓库其中一个选项即可，如图 2.4.16 所示。

图 2.4.16 上架时间

第十三步：发布上架。

所有信息填写完成，点击发布上架。如果没有发布成功，就是有必填项没有填写，再填写一下发布即可。如图 2.4.17 所示。

图 2.4.17 发布上架

本项目介绍了数据化上架商品的相关知识点，分别从运费模板设置、商品上下架时间优化与定位、发布商品的关键要素、女装/女士精品连衣裙发布商品准备与实践操作等方面展开学习，以逐条分步的形式帮助学生掌握数据化上架商品的方法和流程。学习之后，可以对数据化上架商品有更好的认识与了解。

本项目需要花费大量的时间分析准备总结，培养良好的学习能力，按照要求完成技能点的学习以及课后练习。

学习能力是指个体从事学习活动所需具备的心理特征，是顺利完成学习活动的各种能力的组合，包括感知观察能力、记忆能力、阅读能力、解决问题能力等。一般而言，学习能力高低与种系演化密切相关，种系演化越高，其学习能力越强。在教育环境下，学习能力的发展与教学过程相辅相成。

学习者独立通过分析、探索、实践、质疑、创造等方法实现学习目标的才能，又称自学能力。自主学习是与传统的接受学习相对应的一种现代化学习方式，是一种综合学习技能。学习者不管在有无外力的帮助下，均能主动判断学习需求、形成学习目标、评估可利用的资源、选择并执行合适的学习方法，并评价学习的效果。

为适应社会需要和个体发展而贯穿一生的学习才能。欧洲终身学习促进会提出的定义：通过一个不断的支持过程来发挥人类的潜能，激励并使人们有权力去获得终身所需要的全部知识、价值、技能与理解，并在任何任务、情况和环境中有信心、有创造性和愉快地应用它们，从而保证职业能力适应性的才能。此定义被 1994 年 11 月在意大利罗马举行的首届世界终身学习会议采纳。

党的二十大报告指出：全面推进乡村振兴，全面建设社会主义现代化国家，最艰巨最繁重的任务仍然在农村。坚持农业农村优先发展，坚持城乡融合发展，畅通城乡要素流动。加快建设农业强国，扎实推动乡村产业、人才、文化、生态、组织振兴。全方位夯实粮食安全根基，全面落实粮食安全党政同责，牢牢守住十八亿亩耕地红线，逐步把永久基本农田全部建成高标准农田，深入实施种业振兴行动，强化农业科技和装备支撑，健全种粮农民收益保障机制和主产区利益补偿机制，确保中国人的饭碗牢牢端在自己手中。树立大食物观，发展设施农业，构建多元化食物供给体系。发展乡村特色产业，拓宽农民增收致富渠道。巩固拓展脱贫攻坚成果，增强脱贫地区和脱贫群众内生发展动力。统筹乡村基础设施和公共服务布局，建设宜居宜业和美乡村。巩固和完善农村基本经营制度，发展新型农村集体经济，发展新型农业经营主体和社会化服务，发展农业适度规模经营。深化农村土地制度改革，赋予农民更加充分的财产权益。保障进城落户农民合法土地权益，鼓励依法自愿有偿转让。完善农业支持保护制度，健全农村金融服务体系。

data	数据	put on the shelf	上架
freight	货物	location	定位
plug-in unit	插件	essential factor	要素
category	类目	title	标题

1.单选题

（1）以下不属于可以在图片空间中进行的操作是（   ）。

A. 上传图片   B. 图片归类   C. 生成动图   D. 删除图片

（2）如果想要商品在特定的时间开始全款售卖，可以设置（   ）。

A. 定时上架   B. 立即上架   C. 延时上架   D. 到点上架

（3）店铺全屏海报的宽度一般为（   ）。

A. 1920 像素   B. 1080 像素   C. 1000 像素   D. 700 像素

（4）以下不适合作为搭配商品的是（　）。

A. 利润较高的商品　　　B. 销量较低的商品　　C. 评价低的商品　　D. 需要引流的新商品

（5）搭配套餐中的商品一般不属于（　）。

A. 同类型商品　　　　　B. 相关联的商品　　　C. 不相关的商品　　D. 有价值的商品

2.填空题

（1）图片空间是淘宝为商家提供的免费的_____，通过_____的_____操作栏可以进入图片空间，上传图片后，在发布商品时可以直接从图片空间选择商品图片。

（2）发布商品时，需要填写_____、_____、_____、_____和_____信息。

（3）网店首页主要由_____、_____、_____和_____组成。

（4）_____主要包括店铺广告语、收藏按钮、关注按钮、促销产品、优惠券、活动信息、搜索框、店铺公告、网址、第二导航条、联系方式等。

（5）可以通过_____和_____装修促销专区。

3.简答题

（1）简述运费模板设置流程。

（2）简述上架商品流程。

项目三 网店营销工具

通过对网店营销工具的学习，掌握优惠券、单品宝、店铺宝、搭配宝、赠品设置的基本方法，具有营销工具应用的能力。在任务实施过程中：

● 掌握优惠券设置；
● 掌握单品宝、店铺宝、搭配宝设置；
● 掌握赠品设置；
● 掌握 PC 端优惠券展示实践操作。

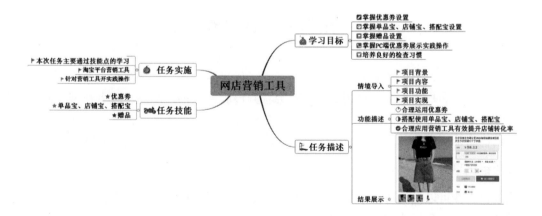

【情境导入】

随着电商、短视频直播的不断发展进步，商家之间的竞争也不断升级，电商行业的竞争也越来越大了，压力随之而来，很多中小型商家本来店铺流量就不多，转化率不好，那就更难上加难了。利用好系统的营销工具，帮助店铺完成转化，提升销售额。淘宝主流的营销工具"三宝一券"，优惠券、单品宝、店铺宝、搭配宝。合理应用营销工具能够有效提升店铺转化率。

【任务描述】

- 优惠券设置；
- 单品宝、店铺宝、搭配宝设置；
- 赠品设置；
- PC 端优惠券展示实践操作。

技能点一　优惠券

优惠券的作用，可以理解为省钱。客户领取了优惠券，那么这个客户就会成为店铺的潜在客户。当这个客户在淘宝首页浏览时，就会看到该店铺的推荐产品，或者在搜索同类产品时，店铺的商品会排名非常高，会出现在客户的视窗内，方便客户再次进店下单。

目前，店铺优惠券分为多种形式，有店铺优惠券、商品优惠券、裂变优惠券。

1.店铺优惠券

店铺优惠券可以全店通用，下单金额高于设定的使用条件，就可以进行抵扣。适合做新店促销活动，提升全店的转化率，增加店铺权重。

优惠券设置首先确定设置金额、使用范围等。下面以淘宝网平台作为依据，展开对优惠券的设置。

（1）设置金额

店铺优惠券设置金额与商品价格有着密切的联系，较高售价商品的优惠券常见设置的金额较高，商品价格较低优惠券设置金额也低，大型营销活动或清仓等除外。日常营销中，商品价格与所对应的优惠券金额都是相互对应的。

店铺优惠券设置的档次根据运营思路不同，设置的层次也不相同。第一张优惠券设置推荐成客户进店领取可以直接使用，就算买店铺里面价格最低的商品也可以使用，让顾客真正感受到实惠。第二张优惠券设置推荐多买多优惠的思路，假设第一张优惠券满 70 元减 8 元，那么满 140 元减的金额一定要超过 16 元，不然就失去了优惠的含义，所以第二张优惠券应该优惠力度更大一些。如果设置的优惠券层级更多，按照多买多优惠的思路设置即可，如图 3.1.1 所示。

图 3.1.1　店铺优惠券 1

（2）使用范围

店铺优惠券一旦设置成功是对全店所有产品都生效的，在设置优惠券时一定要做好成本核算，不要因为优惠券的设置错误导致不可挽回的损失，如图 3.1.2 所示。

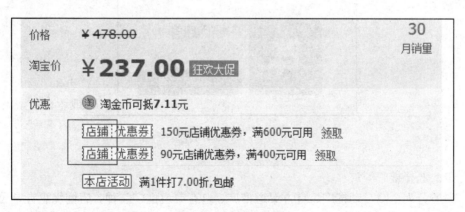

图 3.1.2　店铺优惠券 2

示例：基于淘宝网平台设置店铺优惠券，步骤如下。

第一步：设置入口。

在卖家中心左侧导航栏找到营销→营销工具→优惠券，如图 3.1.3 所示。

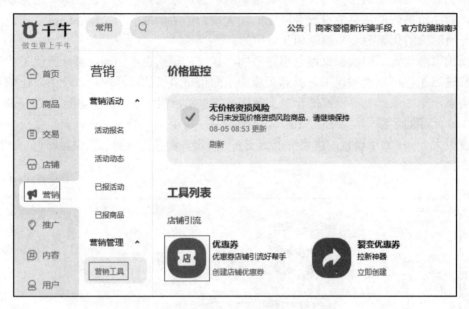

图 3.1.3　设置入口

第二步：创建店铺优惠券。

进入页面点击创建店铺券，如图 3.1.4 所示。

图 3.1.4　创建店铺券

第三步：选择推广渠道。

推广渠道分为全网自动推广、官方渠道推广、自有渠道推广三种。店铺优惠券是公开的，是所有顾客都可以自由领取的优惠券，应该选择全网自动推广；官方渠道推广是官方活动的一些流量渠道专用的优惠券推广渠道；自有渠道推广是商家自己推广所需要的推广渠道，如图 3.1.5 所示。

图 3.1.5 推广渠道

第四步：基本信息填写。

基本信息填写包括名称、开始时间、结束时间、低价提醒、活动目标等。需要注意的是，开始时间跟结束时间要与店铺活动时间保持一致，如图 3.1.6 所示。

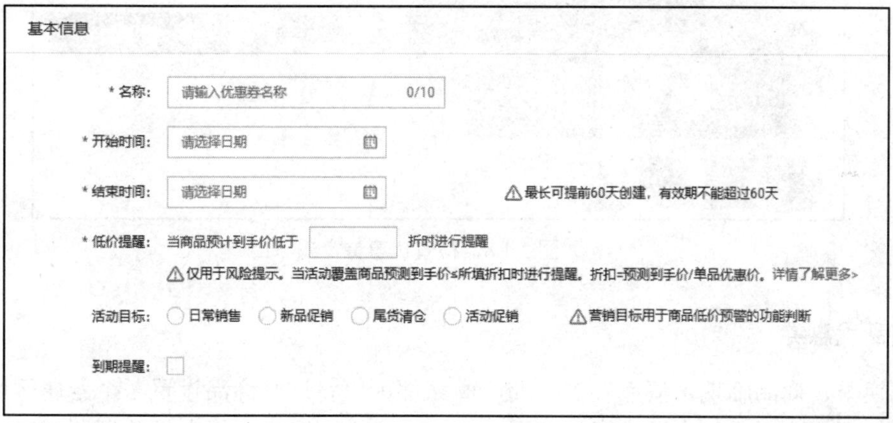

图 3.1.6 基本信息

第五步：面额信息。

面额信息填写包括优惠金额、使用门槛、发行量、每人限领。发行量需要在 1000 张以上，每人限领根据产品营销情况来决定，引流无利润产品建议每人限领一张，如图 3.1.7 所示。

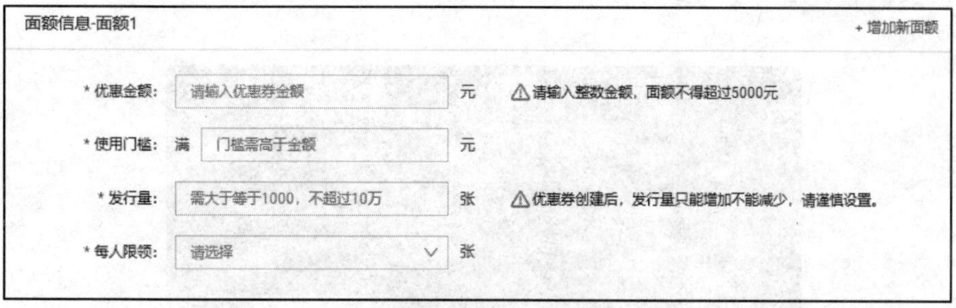

图 3.1.7 面额信息

第六步：提交并检查。

设置好信息后，点击资损风险效验，是根据设置的低价提醒作为依据，如果比设置的数值低，优惠券就不会创建成功。创建成功后要进店检查一下是否设置生效，如图 3.1.8 所示。

图 3.1.8　检查优惠券

2. 商品优惠券

每到换季、商品临期、清库存等时期，商家都可以将这些商品设置一个专属区域，设置一个合理的折扣，再叠加专属优惠券使用，让客户感觉到享受了折上折的福利，以此达到促进销量、清理库存的效果。

商品优惠券设置首先确定使用范围、金额等。下面以淘宝网平台作为依据展开对优惠券进行设置。

（1）使用范围

商品优惠券设置范围结合店铺运营情况而定，针对某一类型产品设置满减活动等，也可以应用到尾货清仓，这时不需要考虑到亏损的情况，如图 3.1.9 所示。

图 3.1.9　商品优惠券

（2）设置金额

优惠券设置满减金额极为重要，也是优惠力度的直接体现，优惠力度大吸引顾客的能力就强。某超市经常做满 199 元减 100 元的活动，实际就是 5 折活动，如图 3.1.10 所示。

图 3.1 .10　商品优惠券设置金额

示例：基于淘宝网平台设置商品优惠券，步骤如下。

第一步：设置入口。

在卖家中心左侧导航栏找到营销中心→营销工具中心→优惠券→商品优惠券，如图 3.1.11 所示。

图 3.1.11　商品优惠券入口

第二步：选择推广渠道。

推广渠道选择全网自动推广，如图 3.1.12 所示。

图 3.1.12　推广渠道

第二步：填写基本信息。

基本信息填写包括名称、开始时间、结束时间、低价提醒、活动目标、商品范围等。需要注意的是商品范围的选择，如图 3.1.13 所示。

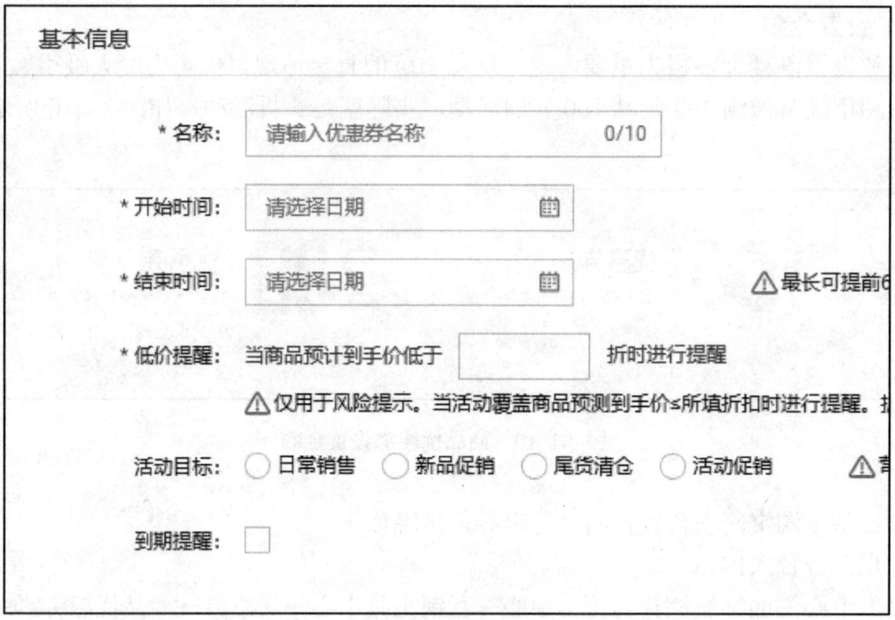

图 3.1.13　商品优惠券基本信息

第四步：填写面额信息。

面额信息填写包括优惠金额、使用门槛、发行量、每人限领。发行量需要在 1000 张以上，每人限领根据产品营销情况来决定，引流无利润产品建议每人限领一张，如图 3.1.14 所示。

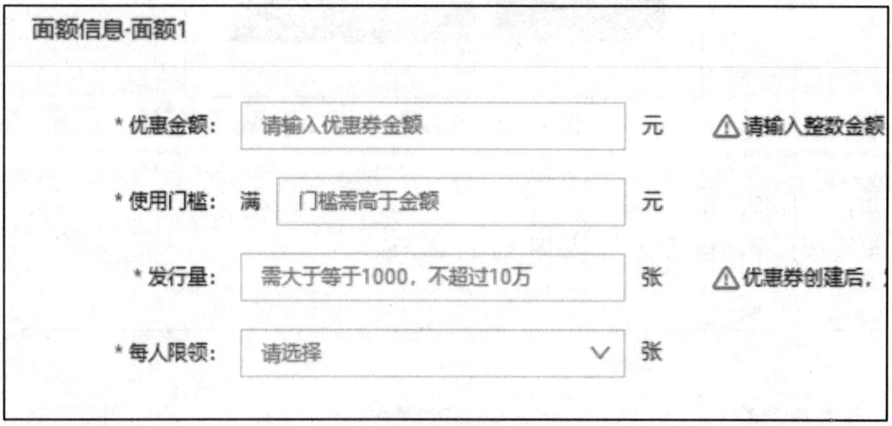

图 3.1.14　商品优惠券面额信息

第六步：提交并检查。

设置好信息之后点击资损风险效验，是根据设置的低价提醒作为依据，如果比设置的数值要低，优惠券就不会创建成功。创建成功以后要进店检查一下是否设置生效，如图 3.1.15 所示。

图 3.1.15 商品优惠券检查

3. 裂变优惠券

裂变优惠券是以优惠券工具为基础，通过增加分享优惠券、邀请朋友领取优惠券的方法，帮助商家实现老客带新客、新客裂变的方式，以极低的拉新成本获得更多店铺流量的承接、裂变和转化。

裂变优惠券设置首先确定分享者与被分享者优惠券金额、使用范围等，下面以淘宝网平台作为依据对裂变优惠券进行设置。

（1）分享者优惠券（父券）

因为裂变券的店铺券不计入最低价，裂变券商品券会计入最低价，另外商品券只能应对某一个商品，店铺券的使用范围更广，不会那么限制消费者，所以建议大家设置店铺券。

使用时间可以自己拟定，不建议时间太长。

优惠金额建议高出日常店铺券 50%以上，因为这样才能激励用户分享。例如，平时设置满 200 减 30 元，这时的父券可以设置为满 200 减 50 元。

发行量：根据店铺访客量，保证库存充足即可。

分享人数：也就是消费者能帮助店铺带回的人数。如果店铺人流量较大，用户黏度很高，可以设置 5 张，一般情况下建议设置 3 张即可。如图 3.1.16 所示。

图 3.1.16 裂变优惠券

（2）被分享者优惠券（子券）

优惠金额：与父券同力度，或者调整优惠券门槛。例如，父券 188 减 30，子券 20 元无门槛/子券 288 减 30 等。因为如果子券力度太小，被拉新回来的人就不会下单，从而导致转化不高，影响了裂变的效果，如图 3.1.17 所示。

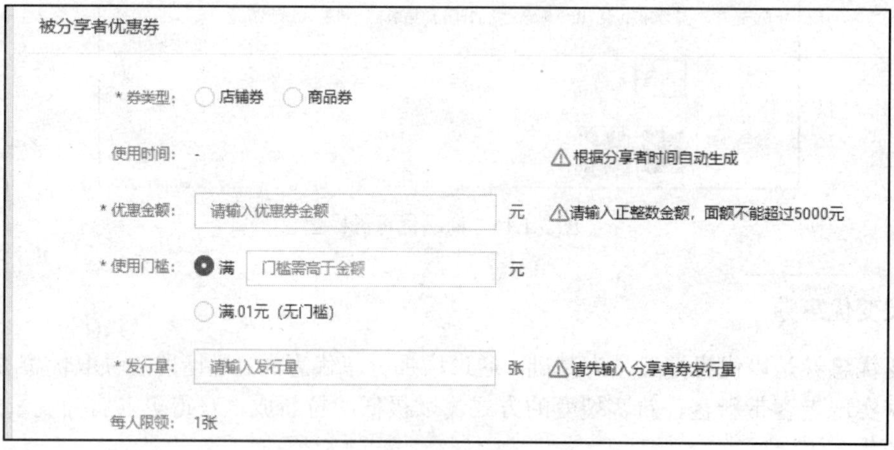

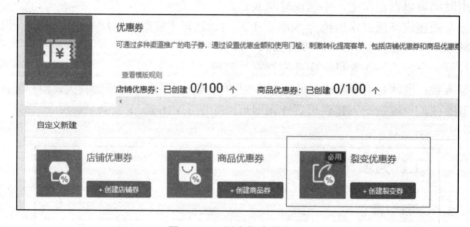

图 3.1.17　被分享者优惠券

示例：基于淘宝网平台设置裂变优惠券，步骤如下。

第一步：设置入口。

在卖家中心左侧导航栏找到营销中心→营销工具中心→裂变优惠券，如图 3.1.18 所示。

图 3.1.18　裂变优惠券入口

第二步：填写基本信息。

优惠券名称，根据店铺具体情况确定即可，推广渠道有通用、自主推广、商家群等，这里用通用推广渠道，如图 3.1.19 所示。

图 3.1.19　裂变优惠券基本信息

第三步：填写分享者优惠券信息。

填写券类型、时间、优惠金额、使用门槛、发行量、分享人数等信息，结合活动与店铺情况填写，如图 3.1.20 所示。

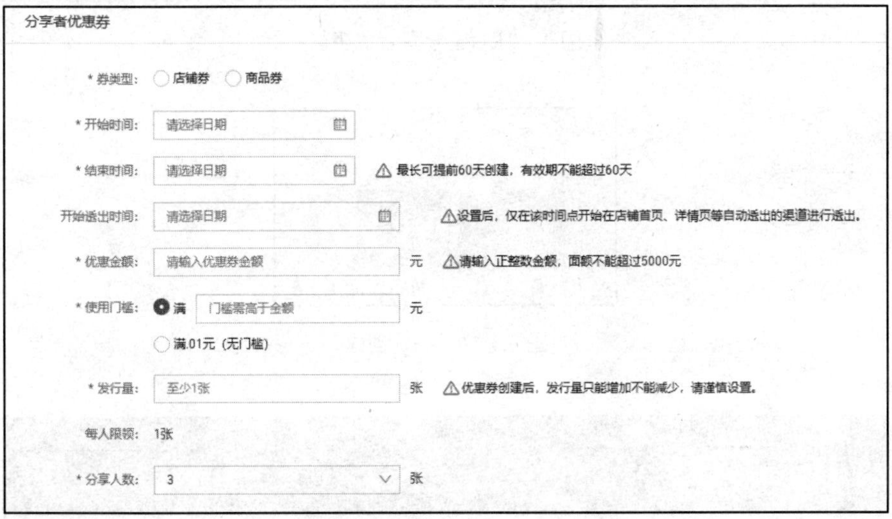

图 3.1.20　分享者优惠券

第四步：填写被分享者优惠券信息。

填写券类型、时间、优惠金额、使用门槛、发行量等信息，结合活动与店铺情况填写，如图 3.1.21 所示。

第五步：确认创建。

填写好信息点击确认创建，如图 3.1.22 所示。

第六步：检查。

创建好以后养成良好的检查习惯。

这些检查习惯一旦养成，就一定不会再出现某些细小的问题。在生活中也是如此，养成了好习惯，何时何地都会想到检查，去发现问题。任何一件微不足道的事，都能反映出一个人的意识与性情。养成好习惯，就等于培养了一个人的意识与性情。一个好的习惯，会开出灿烂无比的人生之花！良好的行为习惯是人一生学习、生活和工作得以成功的基础，如图 3.1.23 所示。

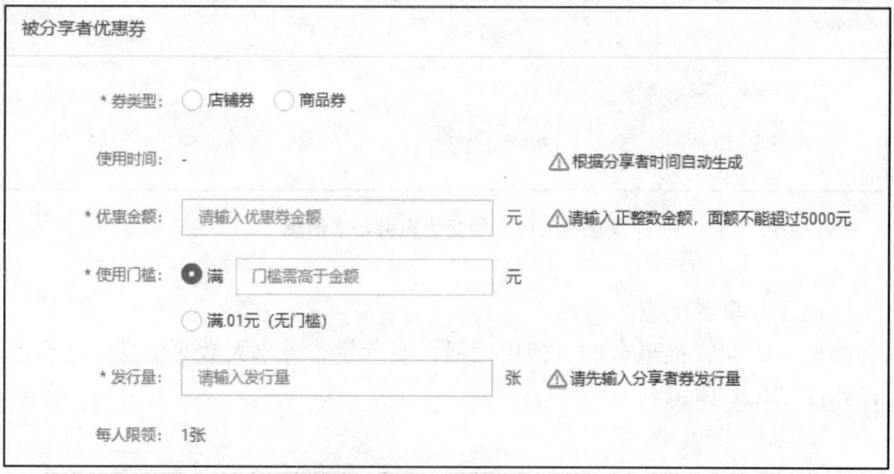
被分享者优惠券
* 券类型： 店铺券 商品券
使用时间： -
根据分享者时间自动生成
* 优惠金额： 请输入优惠券金额 元
请输入正整数金额，面额不能超过5000元
* 使用门槛： 满 门槛需高于金额 元
满.01元（无门槛）
* 发行量： 请输入发行量 张
请先输入分享者券发行量
每人限领： 1张

图 3.1.21 被分享者优惠券

确认创建

图 3.1.22 确认创建

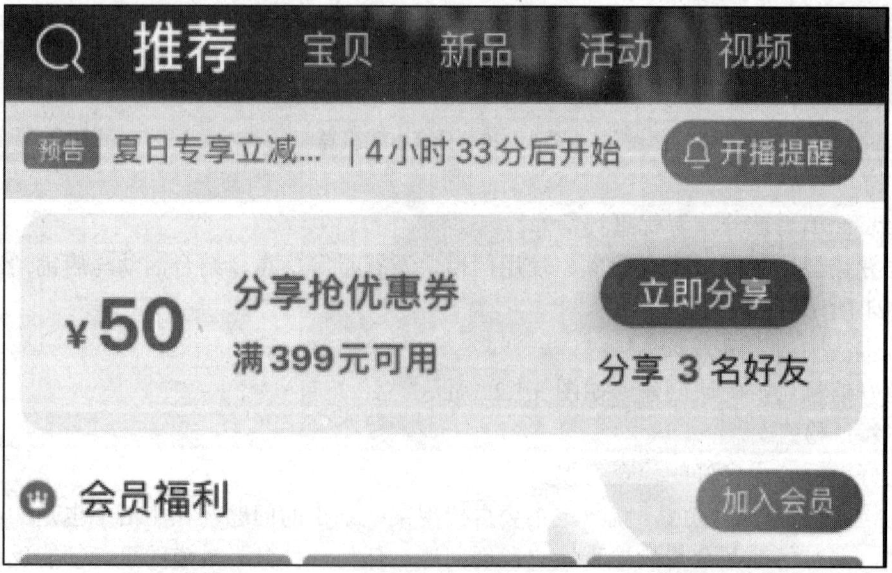
推荐 宝贝 新品 活动 视频
预告 夏日专享立减… | 4小时33分后开始
开播提醒
¥50
分享抢优惠券
满399元可用
立即分享
分享 3 名好友
会员福利
加入会员

图 3.1.23 检查

技能点二 单品宝、店铺宝、搭配宝

淘宝主流的营销工具是"三宝一券"。在人们还需要花钱购买营销工具的年代，很多商家一般都只开了优惠券，很少用到单品宝、店铺宝、搭配宝。2021 年 7 月开始免费使用，从淘宝将付费营销工具改成免费的动作来看，阿里巴巴已在商家侧进行了资金和资源的投入，"成熟业务转为免费"的承诺即将兑现。

目前，"三宝"分为单品宝、店铺宝和搭配宝。

1. 单品宝

单品宝比较适合做店铺的日常活动，比如单个宝贝的折扣活动，单个宝贝的单个 SKU（Stock Keeping Unit，最小存货单位）折扣活动。或者是针对特定人群做折扣，如店铺的粉丝专享价、会员的专享价、老客户专享价等。

单品宝设置首先确定活动标签、活动名称、活动时间、优惠级别、优惠方式等。下面以淘宝网平台作为依据展开对单品宝进行设置，如图 3.2.1 所示。

图 3.2.1　单品宝

示例：基于淘宝网平台设置单品宝，步骤如下。

第一步：设置入口。

在卖家中心左侧导航栏找到营销→营销管理→营销工具→单品宝，如图 3.2.2 所示。

图 3.2.2　单品宝入口

第二步：设置活动标签。

根据店铺活动情况选择合适的标签即可，如图 3.2.3 所示。

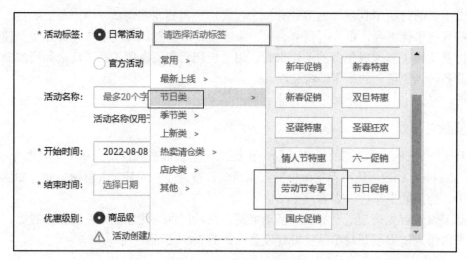

图 3.2.3　单品宝活动标签

第三步：设置活动名称。

活动名称仅用于商家管理活动，不会显示给消费者，如图 3.2.4 所示。

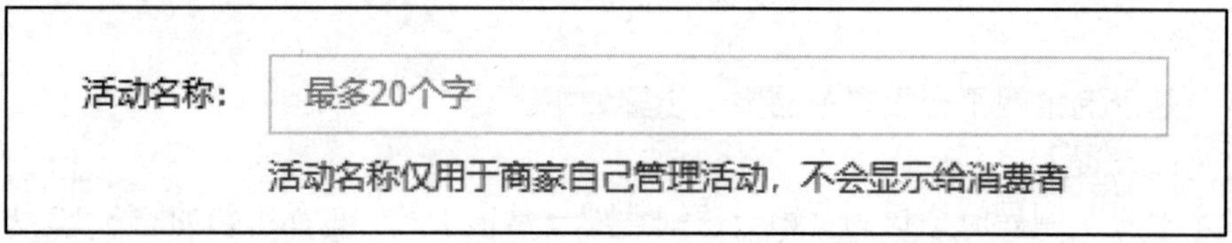

活动名称：	最多20个字
	活动名称仅用于商家自己管理活动，不会显示给消费者

图 3.2.4　单品宝活动名称

第四步：设置活动时间、优惠级别、优惠方式。

活动时间根据实际情况设置，优惠级别可以是商品，也可以是 SKU 级，如图 3.2.5 所示。

第五步：设置活动包邮、不包邮地区。

根据实际情况可以包邮，也可以对偏远地区设置不包邮，如图 3.2.6 所示。

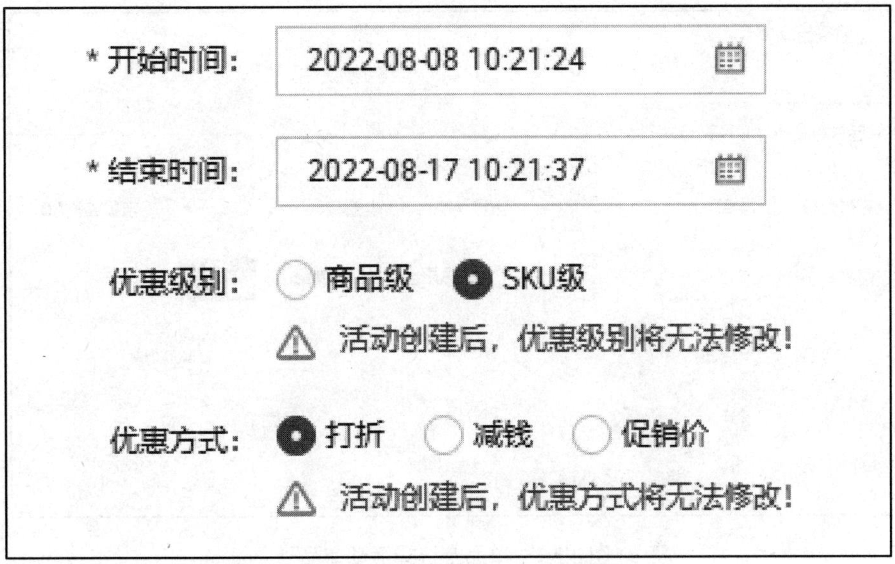

图 3.2.5　单品宝优惠级别

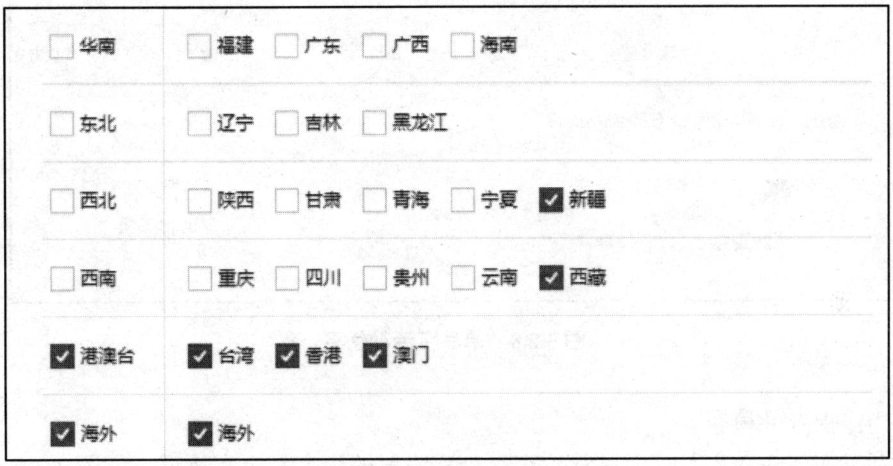

图 3.2.6　单品宝不包邮

第六步：保存选择活动商品。

在商品中选出做活动的产品，如图 3.2.7 所示。

第七步：设置优惠。

设置优惠时要注意成本核算不要设置错了，如图 3.2.8 所示。

图 3.2.7　单品宝选择活动商品

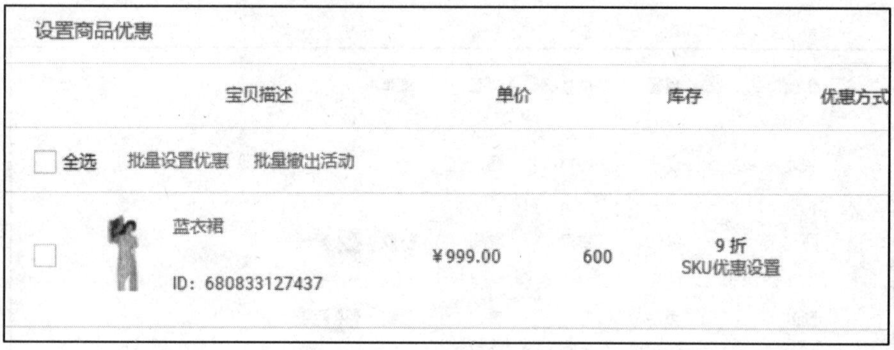

图 3.2.8　单品宝活动优惠

第八步：保存并检查。

保存并发布，进入商品页面进行检查，查看设置的内容是否有错误，如图 3.2.9 所示。

2. 店铺宝

店铺宝的定位更多的是做店铺的促销营销，通过店铺宝创建的活动，提升店铺成交金额，提高店铺动销率。通过店铺宝创建活动，提升店铺成交金额。特别是节假日促销，店铺宝就能发挥出它最大的价值。店铺宝可对全店商品及自选商品进行促销活动，提供多层级的优惠级别、优惠内容，可随时暂停与重启活动，也可对满减打折、满元减现、包邮、送赠品、送权益、送优惠券等进行促销活动。

店铺宝设置首先确定活动标签、活动名称、活动时间、活动目标、优惠方式等。下面以淘宝网平台作为依据展开对店铺宝进行设置，如图 3.2.10 所示。

图 3.2.9　单品宝检查

图 3.2.10　店铺宝

示例：基于淘宝网平台设置店铺宝，步骤如下。

第一步：设置入口。

在卖家中心左侧导航栏找到营销→营销管理→营销工具→店铺宝，如图 3.2.11 所示。

图 3.2.11　店铺宝入口

第二步：基本信息填写。

填写活动名称、优惠类型、时间、活动目标等信息，如图 3.2.12 所示。

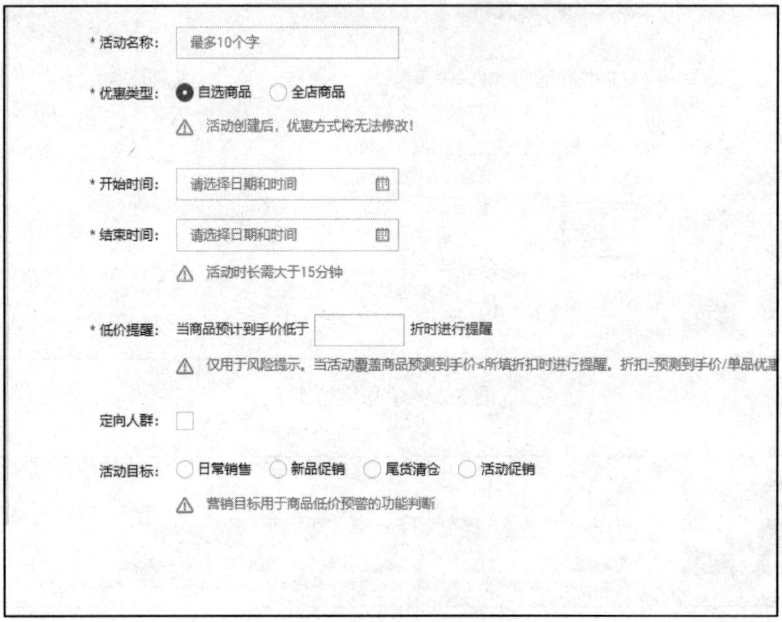

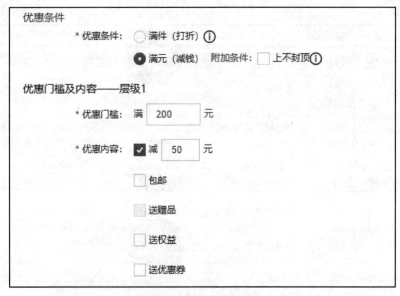

图 3.2.12 店铺宝基本信息

第三步：设置优惠条件。

优惠条件有打折、满减，优惠门槛和优惠内容根据运营情况填写，如图 3.2.13 所示。

图 3.2.13　设置优惠条件

第四步：设置活动商品。

在商品中选择需要参加活动的商品，如图 3.2.14 所示。

图 3.2.14 选择活动商品

第五步：保存并检查。

保存并发布，进入商品页面进行检查，查看设置的内容是否有错误，如图 3.2.15 所示。

价格	~~¥999.00~~			月销量

淘宝价 **¥899.00** 新品抢购

优惠 本店活动 满200减50

配送 广东广州 至 山东威海文登区 ▼ 快递 免运费 ▼ 付款后3天内发货

尺码助手

尺码 S M L XL 2XL 3XL

颜色分类 米白色

数量 − 1 + 件

图 3.2.15 店铺宝检查

3. 搭配宝

搭配宝一般都是以套餐捆绑售卖的形式，带动店铺的关联销售。通过搭配套餐，提升店铺成交金额，提升店铺动销率。搭配宝对店铺客单价和转化率的提升是有帮助的。搭配套餐可以穿透到公域流量，所以它也是一款引流利器。

　　搭配宝设置首先选择商品、设置套餐、设置优惠等完成并投放。下面以淘宝网平台作为依据展开对搭配宝进行设置，如图 3.2.16 所示。

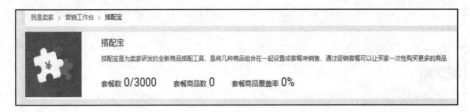

图 3.2.16　搭配宝

示例：基于淘宝网平台设置搭配宝，步骤如下。

第一步：设置入口。

在卖家中心左侧导航栏找到营销→营销管理→营销工具→搭配宝，如图 3.2.17 所示。

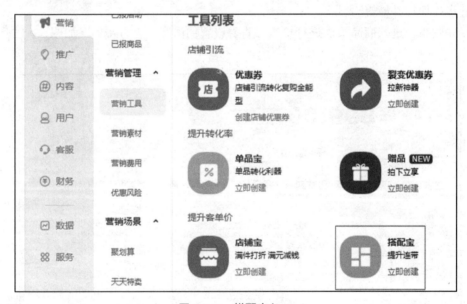

图 3.2.17　搭配宝入口

第二步：选择商品。

把设置活动的商品添加进来，如图 3.2.18 所示。

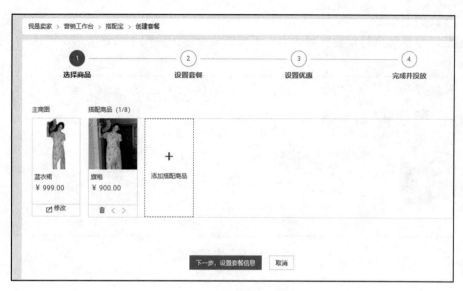

图 3.2.18　搭配宝选择商品

第三步：设置套餐。

填写活动信息套餐名称、套餐介绍、套餐类型、套餐属性等信息，如图 3.2.19 所示。

图 3.2.19　搭配设置套餐

第四步：设置套餐。

填写活动设置优惠时反复核对成本，不要造成亏损，如图 3.2.20 所示。

商品名称		商品属性	原价	搭配数量	搭配价
	蓝衣裙 商品I D: 68 08331 27437	主商品	¥ 999.00	1 ☑	¥ 900 ☑ 已设置搭配价
	商品 旗袍 680 413 309 962	搭配商品	¥ 900.00	1 ☑	¥ 900 ☑ 已设置搭配价
			原价 ¥ 1899.00		套餐价 ¥ 1800.00

图 3.2.20　搭配宝套餐优惠

第五步：保存并检查。

保存并发布，进入商品页面进行检查，查看设置的内容是否有错误，如图 3.2.21 所示。

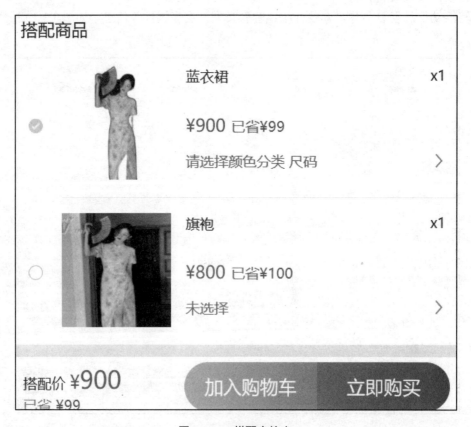

图 3.2.21　搭配宝检查

技能点三 赠 品

淘宝赠品是店铺商品的一种营销手段，可以在商品中加入一些商品的配件或者是其他有关的商品，也可以用赠品的方式进行捆绑销售，商家设置赠品可以帮助提高转化率。

目前，需要将赠品发布到"其他—赠品"或"其他—搭配"类目下，才可以选择。

1. 上架赠品

淘宝商家在运营店铺的时候，要学会使用各种各样的营销推广政策，这样才可以吸引用户到店铺里面购物。一些商家在做商品推广的时候，会将一部分商品作为赠品给消费者体验一下，这就需要提前在店铺里设置好。

在卖家后台点击"发布宝贝"，找到"其他"类目，选择作为赠品的商品，点击"下一步，发布商品"。赠品必须要发到"其他"类目下面，否则容易违规受到处罚。

赠品设置首先要上架赠品，才能设置赠品，下面以淘宝网平台作为依据展开对搭配宝进行设置，如图 3.3.1 所示。

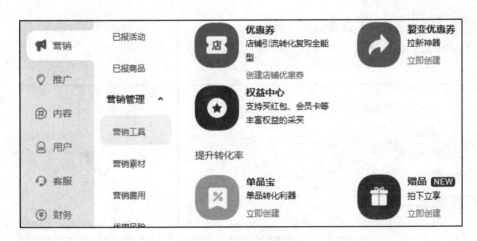

图 3.3.1 赠品设置

示例：基于淘宝网平台，步骤如下。

第一步：商品发布。

上传一张高清壁纸作为赠品，在类目搜索框中输入赠品搜索，点击确认下一步，如图 3.3.2 所示。

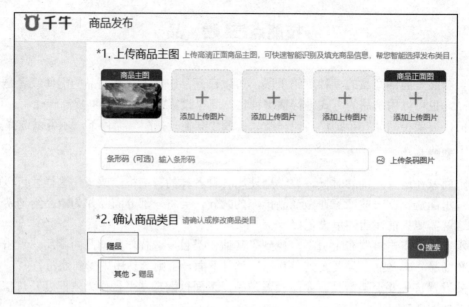

图 3.3.2　商品发布

第二步：填写基础信息发布。

按照发布宝贝的要求发布即可，如图 3.3.3 所示。

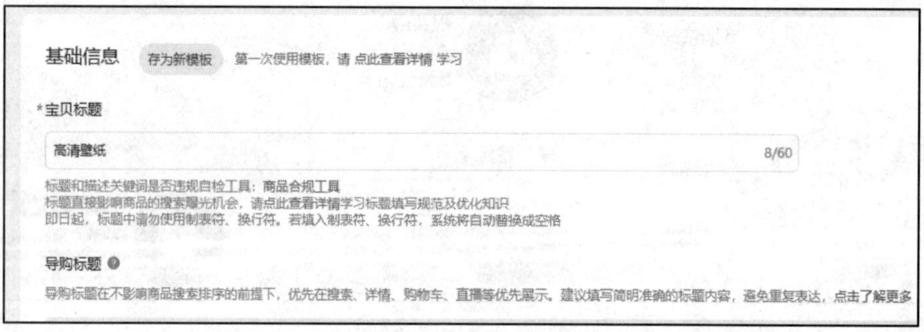

图 3.3.3　填写基础信息

第三步：保存并检查。

保存并发布，进入商品页面进行检查，查看设置的内容是否有错误，如图 3.3.4 所示。

图 3.3.4　检查

2.赠品设置

淘宝店铺赠送赠品的时候，一定要重视赠品的质量，因为平台对于这方面有明确的规定，如果因为赠品质量太差被客户投诉，店铺也是要被处罚的。

卖家可以利用赠品来维护老用户及忠实粉丝，这样既可以有效提升店铺的回购率，又可以带动店铺流量，这对店铺后期的推广有很大帮助。

赠品设置首先要设置基本信息、优惠门槛及内容、选择商品。下面以淘宝网平台作为依据展开对赠品进行设置，如图 3.3.5 所示。

图 3.3.5　赠品设置

示例：基于淘宝网平台，步骤如下。

第一步：基本信息填写。

填写活动名称、时间、低价提醒、活动目标等信息，如图 3.3.6 所示。

第二步：优惠设置。

选择优惠条件、优惠门槛等内容，如图 3.3.7 所示。

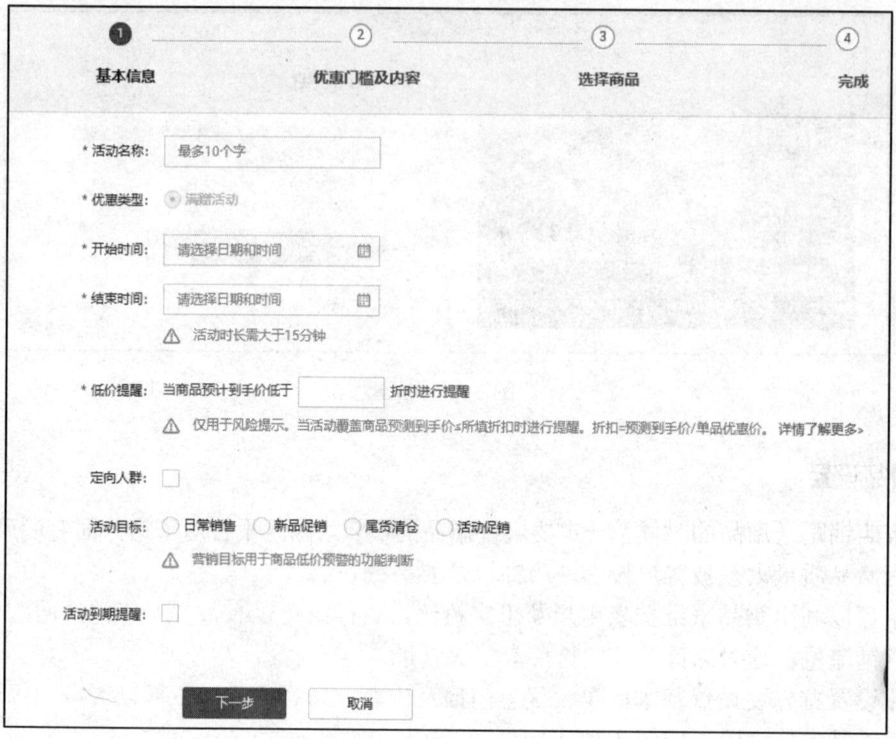

图 3.3.6　赠品基本信息

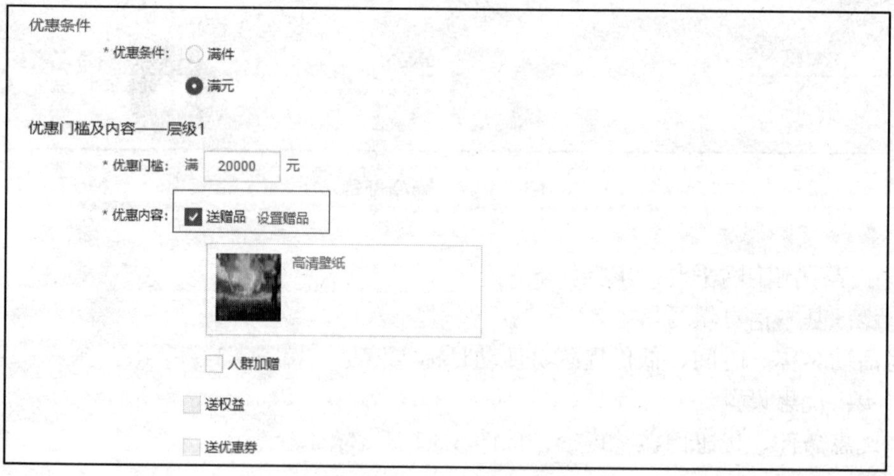

图 3.3.7　优惠设置

第三步：选择参加活动商品。

根据店铺活动选择参加活动的商品，如图 3.3.8 所示。

图 3.3.8　选择活动商品

第四步：保存并检查。

保存并发布，进入商品页面进行检查，查看设置的内容是否有错误，如图 3.3.9 所示。

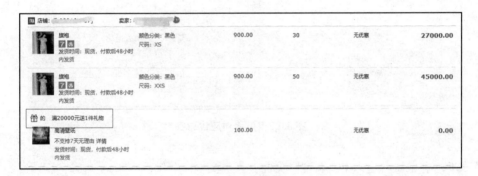

图 3.3.9　检查

通过上面的学习，了解优惠券、单品宝、店铺宝、搭配宝、赠品的概念，通过以下几个步骤，完成 PC 端优惠券展示实践操作。

第一步：在 Photoshop 中设计好优惠券样式。

尺寸宽度为 1920 像素，高度根据设计需求确定，如图 3.4.1 所示。

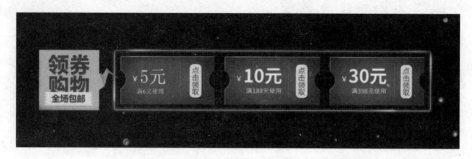

图 3.4.1　设计优惠券

第二步：登录后台创建对应的优惠券。

在卖家中心左侧导航栏找到营销→营销管理→营销工具→优惠券→设置对应的优惠券券，如图 3.4.2 所示。

图 3.4.2　设置对应优惠券

第三步：登录后台进入 PC 端装修页面。

在卖家中心左侧导航栏找到店铺→店铺管理→店铺装修→PC 店铺装修→首页→装修页面，如图 3.4.3 所示。

图 3.4.3　PC 端装修入口

第四步：添加自定义区域。

在左侧模块区域找到自定义区，拖到店铺装修页面，如图 3.4.4 所示。

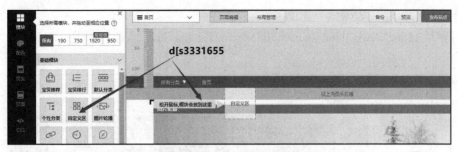

图 3.4.4　添加自定义区

第五步：把优惠券图片上传至图片空间。

在卖家中心左侧导航栏找到商品→商品管理→图片空间，如图 3.4.5 所示。

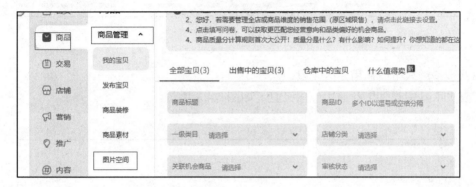

图 3.4.5　图片空间

第六步：上传优惠券图片。

在左上角找到上传，上传图片即可，如图 3.4.6 所示。

图 3.4.6　上传优惠券

第七步：登录第三方网站码工助手。

打开网址 https://www.gaoding.com/dianshang/zhuangxiu，如图 3.4.7 所示。

图 3.4.7　码工助手

第八步：进入电商通用热区工具。

在首页工具中找到电商通用热区工具，如图 3.4.8 所示。

图 3.4.8　通用热区

第九步：画布设置。

① 填写平台选择、图片链接等信息，图片链接到淘宝图片空间，复制优惠券的链接，如图 3.4.9 所示。

图 3.4.9 复制优惠券链接

② 把复制好的链接粘贴到码工助手的图片链接里面，如图 3.4.10 所示。

图 3.4.10 填写链接

第十步：添加优惠券热区。

① 把添加进来的热区移到对应的优惠券的位置覆盖住优惠券，如图 3.4.11 所示。

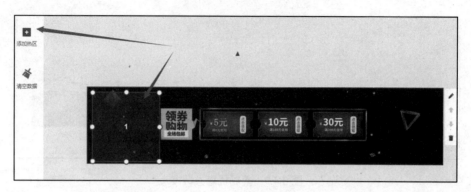

图 3.4.11　添加热区

② 选中对应的热区在右侧添加优惠券链接，如图 3.4.12 所示。

图 3.4.12　复制优惠券链接

③ 把优惠券链接粘贴到码工助手页面，如图 3.4.13 所示。

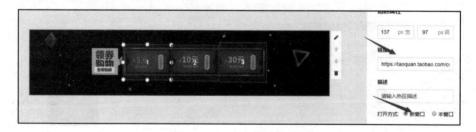

图 3.4.13　粘贴优惠券链接

第十一步：生成代码。

添加好优惠券的链接之后，在右上角找到生成代码，点击生成，如图 3.4.14 所示。

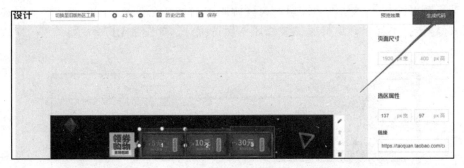

图 3.4.14　生成代码

第十二步：回到店铺装修页面。

在自定义区的右上角找到编辑进入，如图 3.4.15 所示。

图 3.4.15　自定义区编辑

第十三步：自定义区添加源码。

① 复制在码工助手中生成的代码，如图 3.4.16 所示。

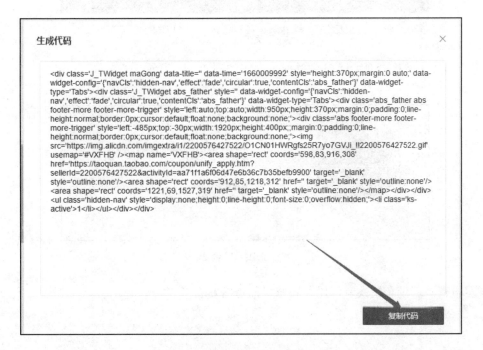

图 3.4.16　码工助手复制代码

② 把复制好的代码粘贴到店铺自定义区源码中。

显示标题选择不显示，这样整体装修风格保持统一，如图 3.4.17 所示。

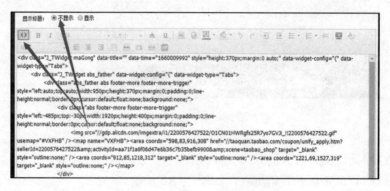

图 3.4.17　复制代码到自定义区

第十四步：检查。

① 点击右上角预览检查，如图 3.4.18 所示。

图 3.4.18　检查 1

② 点击优惠券检查是否跳转到领取页面，如图 3.4.19 所示。

图 3.4.19　检查 2

预览检查，若没有错误就可以在装修页面点击发布了。

本项目介绍了网店营销工具与实践相关知识点，分别从优惠券、店铺宝、单品宝、搭配宝、PC 端优惠券展示实操等方面展开学习，以逐条分步的形式帮助学生掌握网店使用营销工具的方法和流程，学习之后可以对网店营销工具有更好的认识与了解。

党的二十大报告指出：提高全社会文明程度，实施公民道德建设工程，弘扬中华传统美德，加强家庭家教家风建设，加强和改进未成年人思想道德建设，推动明大德、守公德、严私德，提高人民道德水准和文明素养。统筹推动文明培育、文明实践、文明创建，推进城乡精神文明建设融合发展，在全社会弘扬劳动精神、奋斗精神、奉献精神、创造精神、勤俭节约精神，培育时代新风新貌。加强国家科普能力建设，深化全民阅读活动。完善志愿服务制度和工作体系。弘扬诚信文化，健全诚信建设长效机制。发挥党和国家功勋荣誉表彰的精神引领、典型示范作用，推动全社会见贤思齐、崇尚英雄、争做先锋。

coupon	优惠券	fission	裂变
single product	单品	collocation	搭配
gift	赠品	share	分享
code	代码	source code	源码
marketing	营销	custom	自定义
modular	模块化的		

1. 单选题

（1）满就送、满就减一般通过（　　）设置。

A.优惠券　　　　　B.搭配宝　　　　　C.赠品　　　　　D.店铺宝

（2）运营在店铺中需要起的作用是什么？（　　　）

A.管理团队　　　　　　　　　　　B.监控店铺销售数据，制订运营计划的作用

C.确定团队分工作用　　　　　　　D.客服的作用

（3）淘宝网创办于（　　　）。

A.2002 年　　　　　B.2003 年　　　　　C.2004 年　　　　　　　D.2005 年

（4）京东创办于（　　　）。

A.1998 年　　　　　B.2002 年　　　　　C.2003 年　　　　　　　D.2004 年

（5）中国网络购物的主流人群是（　　　）

A.18 岁以下的青少年　　　　　　B.18~30 岁的年轻人

C.30~40 岁的白领人士　　　　　　D.40 岁以上的中老年人

2. 填空题

（1）可以通过＿＿＿＿＿＿和＿＿＿＿＿＿装修促销专区。

（2）网店常用的营销工具主要包括＿＿＿＿＿、＿＿＿＿＿＿和＿＿＿＿＿＿等。

（3）搭配套餐是指将＿＿＿＿＿＿＿＿＿＿的商品搭配在一起组成套餐。

（4）搭配套餐主要由两类商品构成：一类是＿＿＿＿＿＿，一类是＿＿＿＿＿＿。其中，主商品＿＿＿＿＿＿。

（5）满就送，依靠＿＿＿＿＿＿来吸引消费者购物，赠品一般为＿＿＿＿＿＿或＿＿＿＿＿＿的商品。

3. 简答题

（1）简述优惠券有哪些类型？

（2）简述有哪些常见的营销工具？

项目四 第三方插件美折

通过对第三方插件美折的学习，掌握关注有礼、抽奖活动、主图水印的基本方法，学习客户关怀的应用的能力。在任务实施过程中：

- 掌握关注有礼设置；
- 掌握抽奖活动设置；
- 掌握主图水印设置；
- 掌握第三方插件美折客户关怀实践操作。

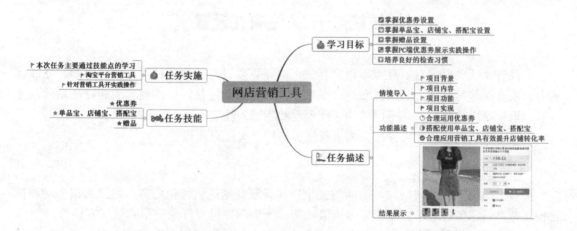

【情境导入】

美折除了官方工具所含有的打折、满减、优惠券等功能之外，还含有水印、短信营销、互动（关注有礼、幸运抽奖等）、公告海报、批量换主图、数据分析、客户管理等一系列热门功能支持设置。

【任务描述】

- 关注有礼设置；
- 抽奖活动设置；
- 主图水印设置；
- 第三方插件美折客户关怀实践操作。

技能点一　关注有礼设置

关注有礼活动目前对所有版本用户开放，商家可以设置关注店铺送店铺优惠券、商品优惠券、现金红包等奖品，活动发布后，买家需要点击活动链接，关注商家的店铺成功后，才可以领取到对应的奖品。此举可增加店铺粉丝和店铺关注度。

目前，美折关注有礼设置，分为美折插件订购、关注有礼设置。

1.订购美折插件

美折是由第三方公司研发，面向淘宝集市和天猫商家提供营销服务，通过数据驱动理性营销，帮助商家节省成本、创造更多价值，需要上架额外付费订购使用的第三方插件。

订购美折首先在淘宝后台进入服务搜索美折。下面以淘宝网平台作为依据展开对订购美折插件进行演示，如图 4.1.1 所示。

图 4.1.1 服务市场

示例：基于淘宝网平台订购美折插件，步骤如下。

第一步：订购入口。

在卖家中心左侧导航栏找到服务，点击进入跳转到服务市场搜索美折，如图 4.1.2 所示。

图 4.1.2 搜索美折

第二步：订购。

选择服务版本为高级版试用、周期为 7 天免费试用，立即购买，如图 4.1.3 所示。

图 4.1.3　订购美折

第三步：美折插件入口。

在卖家中心页面下方找到"我的应用"，如图 4.1.4 所示。

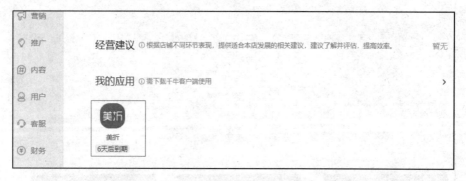

图 4.1.4　美折插件入口

2. 关注有礼设置

关注有礼设置先从活动创建、编辑活动信息、选择页面皮肤提交活动到发布提交等，下面以淘宝网平台作为依据展开关注有礼进行设置。

示例：基于淘宝网平台美折插件关注有礼设置，步骤如下。

第一步：活动创建。

在美折顶部导航栏点击"活动创建"→"关注有礼"，进入使用界面，如图 4.1.5 所示。

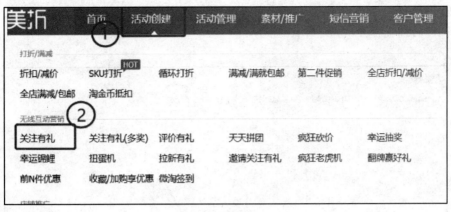

图 4.1.5 活动创建

第二步：编辑活动信息。

设置关注有礼活动的活动标题、开始与结束时间，点击添加奖品，奖品可以为店铺优惠券、红包、支付宝红包、手机流量四种形式，任选其一即可，如图 4.1.6 所示。

图 4.1.6 填写信息

第三步：奖品设置。

奖品类型有店铺优惠券、商品优惠券、现金红包。红包是淘宝全网通用的，并且没有门槛，设置时要注意。这里以店铺优惠券为例设置奖品。

① 创建店铺优惠券，如图4.1.7所示。

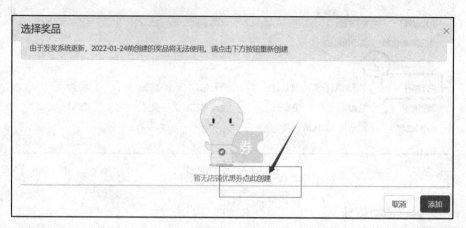

图 4.1.7　创建店铺优惠券

② 新建店铺优惠券，如图4.1.8所示。

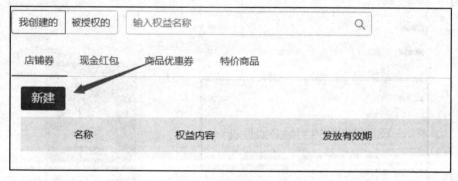

图 4.1.8　新建店铺优惠券

③ 填写优惠券信息，如图4.1.9所示。

④ 选择奖品，如图4.1.10所示。

新建店铺券

* 名称:	输入优惠券名称	0/10

* 发放时间: 起始日期   -   结束日期   📅

最长可提前60天创建，发放时间段不超过60天

* 使用时间: 起始日期   -   结束日期   📅

最长可提前60天创建，有效期不超过60天

* 优惠金额: _____ 元

请输入整数金额，面额不能超过2000元

* 使用门槛: _____ 元

请输入整数金额，门槛需高于优惠金额

* 发行量: _____ 张

需大于等于1，不超过100万

* 单用户总限领: ⦿ 不限   ○ 限领

* 单用户周期限领: ⦿ 不限   ○ 按周期

图 4.1.9 填写店铺优惠券信息

选择奖品   ×

店铺优惠券   商品优惠券   现金红包

＋新建店铺优惠券

5
5
2022.08.10-2022.08.12
满6元可用
剩余100 ✓

耽消   添加

图 4.1.10 选择奖品

第四步：选择页面皮肤提交活动。

选择完奖品之后，设置好商品推广、页面皮肤后，点击下一步发布活动。商品推广位和其他皮肤样式，目前仅针对尊享版及以上版本开放，如图4.1.11所示。

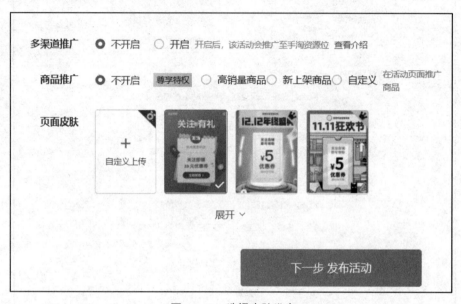

图 4.1.11　选择皮肤发布

第五步：发布活动。

① 进入卖家中心→手机端店铺装修→装修页面，如图4.1.12所示。

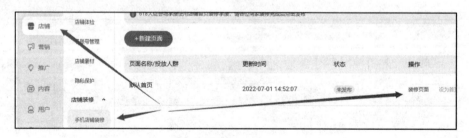

图 4.1.12　装修页面

② 添加轮播图海报。

将左侧图文类下的轮播图海报拖至右侧想要展示的位置，如图4.1.13所示。

③ 制作轮播图海报。

添加关注有礼图片，点击下载小海报获取，可以下载到电脑上也可以保存到图片空间，如图4.1.14所示。

图 4.1.13　添加轮播图海报

图 4.1.14　制作轮播图海报

④ 添加轮播图片。

回到装修页面在右侧上传图片，如图 4.1.15 所示。

图 4.1.15　上传图片

⑤ 复制链接。

在活动设置页面复制链接，如图 4.1.16 所示。

图 4.1.16　复制链接

⑥ 粘贴链接。

把在设置页面复制出来的链接粘贴到装修页面对应位置，如图 4.1.17 所示。

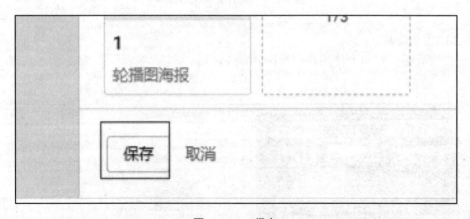

图 4.1.17　粘贴链接

⑦ 保存。

在左下角找到保存点击，如图 4.1.18 所示。

图 4.1.18　保存

⑧ 预览发布。

在右上角找到预览，用手机扫码进行查看，若检查没有问题就发布，如图 4.1.19 所示。

图 4.1.19 预览

技能点二 抽奖活动设置

抽奖活动能够起到"涨粉"的作用，抽奖的目的在于将活动转化为销售。在奖品的设置中设置一些优惠力度较大的优惠券促进用户消费，同时也降低了宣传成本。

目前，抽奖活动设置分为抽奖活动创建、抽奖活动投放。

1. 抽奖活动创建

幸运抽奖是美折新推出的无线互动玩法，商家设置活动奖品，引导用户关注、下单或邀请好友，用户完成任务后可参与抽奖。

抽奖设置包含首先创建活动、设置活动信息、添加奖品、设置抽检规则等。下面以淘宝网平台作为依据展开对抽奖活动进行设置，如图 4.2.1 所示。

图 4.2.1　抽奖

示例：基于淘宝网平台设置抽奖，步骤如下。

第一步：活动创建。

打开美折→活动创建→幸运抽奖，如图 4.2.2 所示。

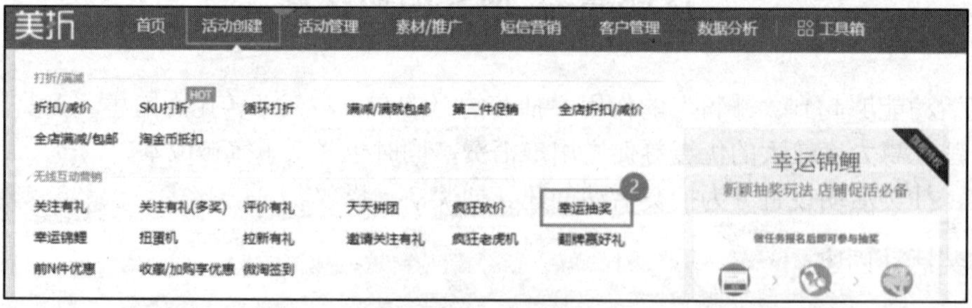

图 4.2.2　活动创建

第二步：设置活动信息。

将活动标题、开始时间、结束时间设置好后，点击保存活动后添加奖品，如图 4.2.3 所示。

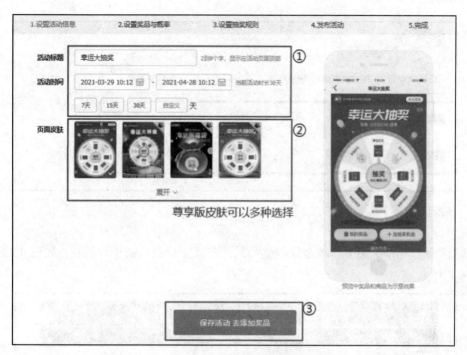

图 4.2.3　单品宝活动标签

第三步：添加奖品。

（1）需要设置哪种类型的奖品就添加哪种（可以重复的类型），有几个奖品就添加几个，最多可添加 7 个奖品数量。奖品添加后去设置每个奖品的中奖率，如图 4.2.4 所示。

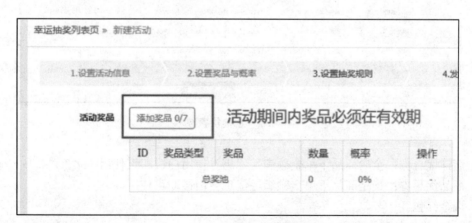

图 4.2.4　单品宝活动名称

（2）奖品类型：目前支持设置商品优惠券、店铺优惠券、现金红包、商品折扣、自定义奖品。

中奖率说明：每个奖品可以设置最低 0%，最高 99.9999%，总中奖率不能高于 99.9999%，如图 4.2.5 所示。

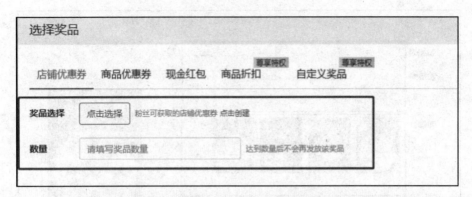

图 4.2.5　奖品类型

（3）奖品说明：优惠券和现金红包奖品只能在商家权益营销平台创建，如图 4.2.6 所示。

图 4.2.6　创建优惠券

① 店铺优惠券：全店商品下单金额满足优惠券使用门槛即可使用。
② 商品优惠券：指定商品下单金额满足优惠券门槛即可使用。
③ 现金红包。
第四步：设置抽奖规则。
想"涨粉"就设置关注店铺；想促进转化，可以设置单笔订单付款满××元。
抽奖机会可以根据需要设置好，活动规则支持自动生成和手动编辑，如图 4.2.7 所示。

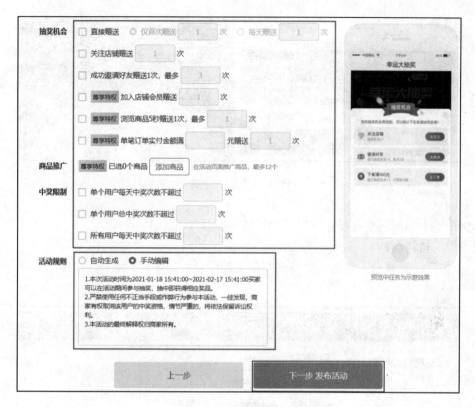

图 4.2.7 设置抽奖规则

规则设置好之后，点击下一步发布活动，根据提示，推广您已经设置好的抽奖活动到手机店铺首页，进入卖家中心→店铺装修。

2. 抽奖活动投放

设置好抽奖需要把活动投放出去才会有顾客看到并参与，移动端流量比较大，故首先考虑投放移动端。

抽奖活动投放先准备素材，然后进入装修后台发布。下面以淘宝网平台作为依据，展开对抽奖活动投放进行设置。

在奖品设置的同时，也要有客户抽到了一定要兑现的经营诚信。如图 4.2.8 所示。

诚信是企业和事业单位的立业之本。诚信作为一项普遍适用的道德原则和规范，是建立行业之间、单位之间良性互动关系的道德杠杆。诚实守信是社会主义职业道德建设的重要规范。企业事业单位的活动都是人的活动，为了发展就不能不讲求诚信。诚信不仅产生效益和物化的社会财富，而且产生和谐和精神化的社会财富。在市场经济社会，"顾客就是上帝"，市场是铁面无私的审判官。企业如果背叛上帝，不诚实经营，一味走歪门邪道，其结果必然是被市场所淘汰。诚信是塑造企业形象和赢得企业信誉的基石，是竞争中克敌制胜的重要法宝，是现代企业的命根子。

图 4.2.8 幸运大抽奖

示例：基于淘宝网平台设置抽奖活动投放，步骤如下。

第一步：材料准备。

① 点击活动管理→无线互动营销，如图 4.2.9 所示。

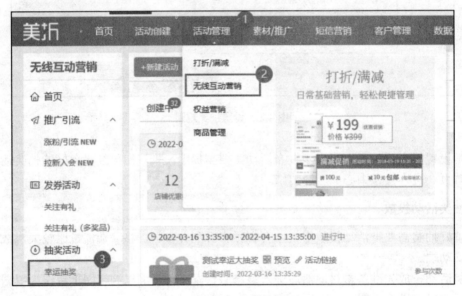

图 4.2.9 设置入口

② 在互动营销活动列表页点击幸运抽奖，找到对应活动，点击发布活动，如图 4.2.10 所示。

③ 点击复制推广链接、下载小海报，如图 4.2.11 所示。

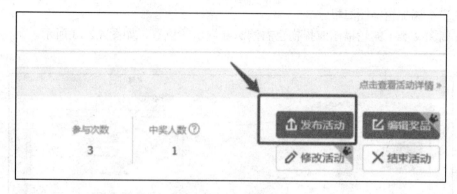

图 4.2.10 发布活动

图 4.2.11 链接、海报

第二步：进入淘宝后台装修页面，如图 4.2.12 所示。

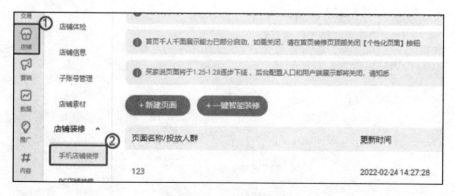

图 4.2.12 后台装修入口

第三步：添加轮播图海报。

将左侧图文类下的轮播图海报拖至右侧想要展示的位置，如图 4.2.13 所示。

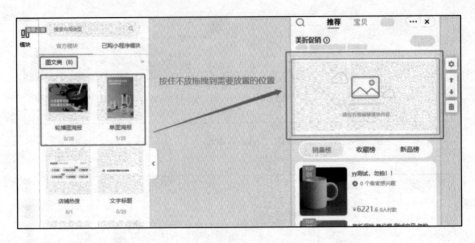

图 4.2.13　轮播图海报

第四步：填写内容。

模块放置之后，在右侧编辑模块的名称，并上传之前准备的图片和活动链接并保存（上传图片的位置如果图片显示不全，拖拽虚线边缘可以调整显示），如图 4.2.14 所示。

第五步：发布。

模块创建好之后，点击右上角的发布即可，如图 4.2.15 所示。

第六步：保存并检查。

保存并发布，进入商品页面进行检查，查看设置的内容是否有错误，如图 4.2.16 所示。

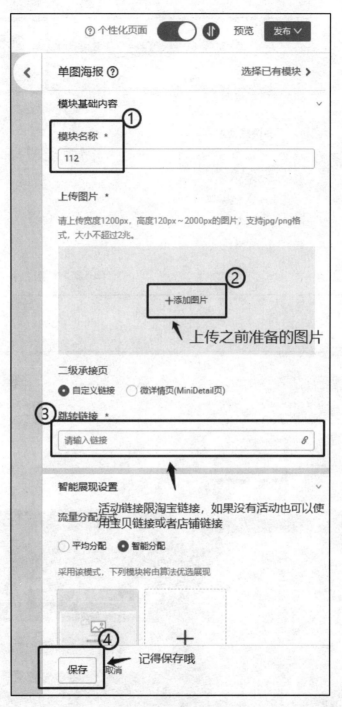

图 4.2.14 填写内容

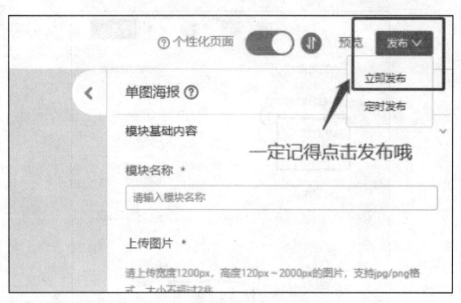

图 4.2.15　发布

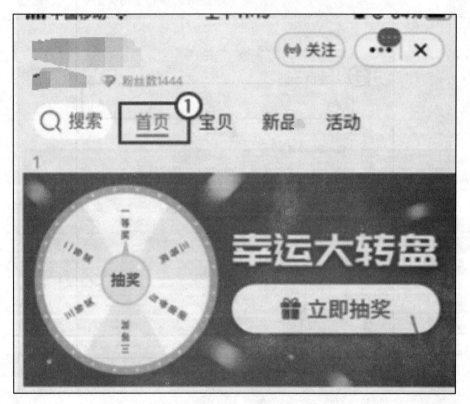

图 4.2.16　检查

技能点三 主图水印设置

很多在淘宝经营店铺的商家都知道淘宝主图的重要性。而在淘宝主图中添加水印可在一定程度上吸引更多的顾客，也可以促进商品的转换。淘宝主图水印的制作方法有很多，可以直接在图片空间设置好水印，再上传图片自动添加水印，也可以先用 PS、美图秀秀、第三方插件等软件给图片添加好水印后再上传。

目前，第三方插件主图水印设置，包括设置水印信息、选择商品、编辑水印设置。

对商品 1:1、2:3、3:4 三个尺寸主图的第一张添加水印，天猫商品若 PC 和无线设置了不同的主图，则会将无线主图覆盖 PC 主图。

给主图加上水印之后，就相当于给主图打上了印记，证明这个主图是独一无二的。主图水印是提高产品点击率的关键，要将产品特征、特殊服务等体现在主图上面。

主图水印设置从淘宝后台进入美折，下面以淘宝网平台作为依据，展开对主图水印设置进行演示，如图 4.3.1 所示。

图 4.3.1　主图水印

示例：基于淘宝网平台主图水印设置，步骤如下。

第一步：设置入口。

卖家中心→美折→素材推广→水印列表→1:1 主图，如图 4.3.2 所示。

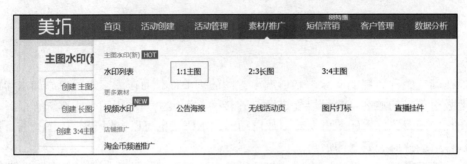

图 4.3.2　主图水印入口

第二步：设置水印信息。

填写任务名称、投放位置、任务时间，如图 4.3.3 所示。

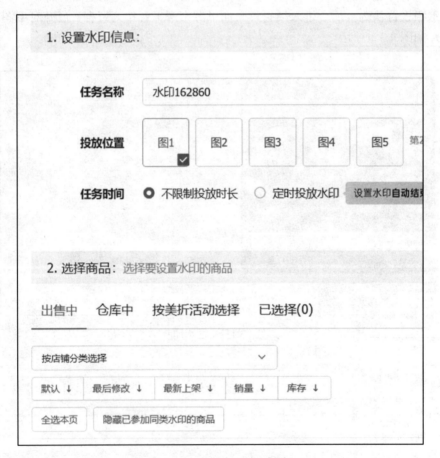

图 4.3.3　主图水印填写信息

第三步：选择商品。

选中要参与本次活动的商品，如图 4.3.4 所示。

图 4.3.4 选择商品

第四步：编辑水印。

在模板中选择适合的样式再进行编辑营销文案、价格优惠、Logo 等，如图 4.3.5 所示。

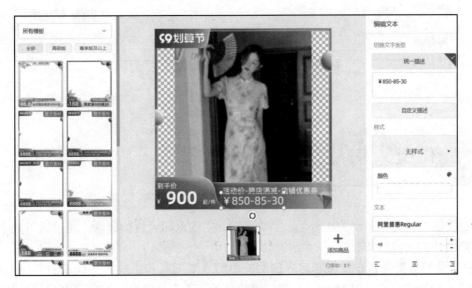

图 4.3.5 编辑水印

第五步：发布并检查。

发布，进入商品页面进行检查，查看设置的内容是否有错误，如图 4.3.6 所示。

第六步：修改水印。

当活动文案或价格调整时进行修改，如图 4.3.7 所示。

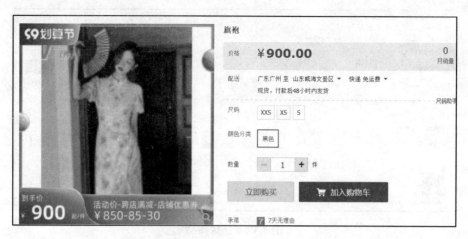

图 4.3.6　检查

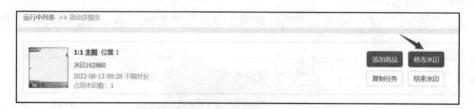

图 4.3.7　修改水印

　　通过上面的学习，了解关注有礼、抽奖活动、主图水印设置的概念，通过以下几个步骤，完成客户关怀的实践操作。

　　RFM 模型是衡量客户价值和客户创利能力的重要工具和手段。在众多的客户关系管理（CRM）的分析模式中，RFM 模型是被广泛提到的。该机械模型通过一个客户的近期购买行为、购买的总体频率以及花了多少钱 3 项指标来描述该客户的价值状况。

　　客户关系管理中的模型众多，而 RFM 模型之所以被广泛使用，主要在于其划分客户的 3 个维度：

　　R：最近一次消费（Recency）；

　　F：消费频率（Frequency）；

　　M：消费金额（Monetary）。

　　第一步：设置入口。

　　卖家中心→美折→客户管理→RFM 智能分组，如图 4.4.1 所示。

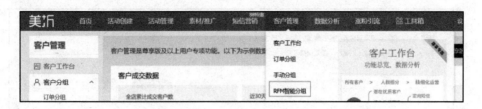

图 4.4.1 设置入口

第二步：分组设置活动。

进入 RFM 分组页面可以查看不同定义的分组，可以给不同定义的分组设置活动，如图 4.4.2 所示。

图 4.4.2 分组设置活动

第三步：细分活动。

细分用户分组也可以进行活动创建，如图 4.4.3 所示。

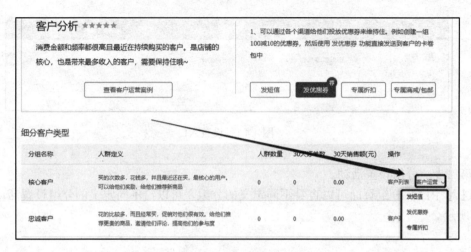

图 4.4.3 细分活动

任务总结

　　本项目介绍了第三方插件美折与实践相关知识点，分别从关注有礼、抽奖活动、主图水印、客户关怀实操等方面展开学习，以逐条分步的形式帮助学生掌握第三方插件美折的操作方法和流程，学习之后可以对第三方插件美折有更好的认识与了解。

　　党的二十大报告指出：繁荣发展文化事业和文化产业，坚持以人民为中心的创作导向，推出更多增强人民精神力量的优秀作品，培育造就大批德艺双馨的文学艺术家和规模宏大的文化文艺人才队伍。坚持把社会效益放在首位，社会效益和经济效益相统一，深化文化体制改革，完善文化经济政策。实施国家文化数字化战略，健全现代公共文化服务体系，创新实施文化惠民工程。健全现代文化产业体系和市场体系，实施重大文化产业项目带动战略。加大文物和文化遗产保护力度，加强城乡建设中历史文化保护传承，建好用好国家文化公园。坚持以文塑旅、以旅彰文，推进文化和旅游深度融合发展。广泛开展全民健身活动，加强青少年体育工作，促进群众体育和竞技体育全面发展，加快建设体育强国。

英语角

| US discount | 美国折扣 | plug-in unit | 插件 |
| follow | 关注 | intelligence | 智能 |

gift	礼品	grouping	分组
luck draw	抽奖	third party	第三方
release	投放	service market	服务市场

任务习题

1.单选题

（1）淘宝搜索思维的模式步骤是（　　）。

A.搜索、点击、展现、流量　　　　　B.搜索、点击、流量、展现

C.搜索、展现、点击、流量　　　　　D.搜索、展现、流量、点击

（2）有计划地进行网店传播推广活动，最重要的是（　　）。

A.增加商品的数量　　　　　　　　　B.提高店铺的装修

C.美化出售中的商品　　　　　　　　D.提高店铺和商品的浏览量

（3）先成交后付费的是淘宝的什么推广模式？（　　）

A.论坛广告位　　　　B.直通车　　　　C.淘宝客　　　　D.钻石展位

（4）为了不影响店铺动态评分，在客户服务过程中应重视服务态度,尽可能避免（　　）。

A.交易纠纷　　　　B.退货　　　　C.退款　　　　D.换货

（5）活动促销的本质是（　　）。

A.免单　　　　B.秒杀　　　　C.折扣　　　　D.销售

2.填空题

（1）在推广中，关键词设计组合可以划分为＿＿＿＿＿和＿＿＿＿＿两种因素。

（2）付费流量是指通过＿＿＿＿＿、＿＿＿＿＿＿＿＿＿等方法引入的客户流量。

（3）淘宝客是一种＿＿＿＿＿＿＿的推广工具。

（4）UV 即网站的＿＿＿＿＿，只对唯一 IP 访问数量进行统计。

（5）综合评分包含多种因素，如＿＿＿＿＿、＿＿＿＿＿、＿＿＿＿＿、＿＿＿＿＿等都属于综合评分的范畴。

3.简答题

（1）简述关注有礼设置流程。

（2）简述抽奖活动流程。

项目五 搜索引擎优化

通过学习免费引流的基础相关知识，了解 SEO（Search Engine Optimization）搜索引擎优化概念、机制原理、营销策略、站内引流等知识点，掌握免费引流的渠道和方法，拥有免费引流的能力。在任务实现过程中：

- 了解 SEO 搜索引擎优化概念原理，优化意义；
- 熟悉 SEO 搜索引擎优化模型种类和优化方法；
- 熟悉营销策略种类和运用方法；
- 掌握淘宝营销活动中心和活动引流方法；
- 拥有免费引流的能力。

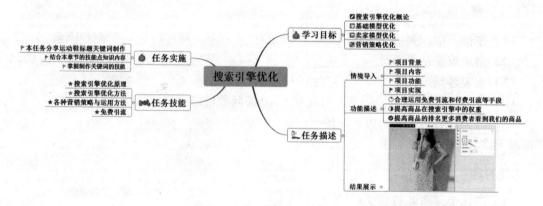

【情境导入】

首先我们要知道什么是免费引流，免费引流分为两个方面：免费和引流。

免费顾名思义就是不需要花费金钱，相反的一面就是付费，所以我们要尽可能运用一切免费手段来提高商品自然流量，从而降低运营成本。淘宝系统很多设定免费让我们的商品在淘宝搜索引擎中获得权重值即 SEO 优化，提高排名，从而获得展现，进而获得流量。同时合理运用付费手段，双管齐下，最大程度地吸引流量。

引流即吸引流量，这是一个相对的概念。因为不管免费或者付费，不是直接让商品获得流量，而是首先让商品获得展现，出现在顾客的视野中。通过有吸引力的主图，让顾客发生点击的行为，从而进入商品的详情页，有了点击行为才会产生流量，才会有后续浏览、咨询、下单、付款等行为。而且通过付费手段提高商品权重，从而提高商品排名、提高自然流量。免费引流和付费引流相辅相成。

除淘宝搜索系统之外，还有许多免费站内活动。参加活动比如天天特价、双十一、双十二、618 大促销、各种行业活动、特定频道直接获得展现，而不是通过搜索排名机制。通过学习上述知识，我们要通过 SEO 优化最大程度吸引免费流量，运用各种免费引流手段引流，降低运营成本，提高利润。

【任务描述】

- 了解 SEO 搜索引擎优化概念原理及优化意义；
- 熟悉 SEO 搜索引擎优化模型种类和优化方法；
- 熟悉营销策略种类和运用方法；
- 掌握淘宝营销活动中心和活动引流方法；
- 具有免费引流的能力。

技能点一 搜索引擎优化概论

1. 搜索引擎优化原理

想要学好淘宝 SEO，首先要了解淘宝搜索引擎是什么，原理是什么。

淘宝搜索引擎是一种商品检索机制，淘宝把不同一级类目的产品放到不同专区，然后二级类目和不同属性的产品放到不同子专区里，这样淘宝系统就把所有产品按一级类目、二级类目、三级类目详细属性区分开，有的类目分级多，有的分级少。当顾客搜索一个关键词时，系统就会沿着一级类目找到二级类目，再沿着二级类目找到三级类目相关属性找到所有产品中含有这个关键词的几十万个产品，然后将这些产品降序排列。如图 5.1.1 所示

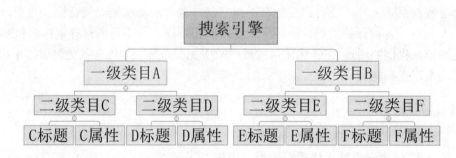

图 5.1.1　搜索引擎检索机制

降序规则是淘宝自然搜索的基础模型，给产品不断地加减分，根据不同的排序模式来调整各个模型的权重值，从而降序排列找出前 5000 个宝贝。淘宝集市店铺和天猫商城是混排的，但天猫排序比淘宝高了 2 个模型的权重值。集市店铺和天猫商城是不同的排序系统，集市店铺竞争淘宝，天猫竞争天猫，然后两个再综合排序，天猫起点比淘宝高。

根据 SEO 影响因素，建立一个金字塔模型，由上向下权重占比依次增加。见图 5.1.2。我们根据权重占比大小依次讲解。

金字塔最低层是优先筛选的模型体系，它们的优先级最高，产品基数也最大。比如包含某个关键词的产品总数是 10 万个，先根据底层最优模型找出前 5 万名的产品，然后根据第二层模型选出前 1 万名的产品，再根据第三层、第四层模型找出排名前 4400 个产品，依次类推。

图 5.1.2　SEO 模型

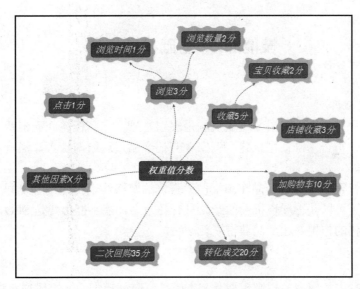

图 5.1.3　权重值模型

　　淘宝对于权重值的设定很隐晦，因为权重看不见摸不着，没有具体定义解释，淘宝也没有对权重的具体机制解释，我们只能通过经验来摸索假设（见图 5.1.3）。我们可以用比喻来假设诠释权重的意思。淘宝搜索引擎的排名就像是一场永不停息的考试，我们不断地运用不同的运营手段，提高各项数据来增加分数，分数高者获得排名就越高。操作正确一个设定，我们的分数就增加 x 分，提高一个点击、收藏、转化也加 x 分。若干项加起来就是我们的总分数，然后淘宝把所有同类目商品分数汇总，实时排出一个名次，然后根据不同的排名，依次出现在有搜索行为的顾客视野中，然后才会有后续点击、浏览等行为。淘宝系统十分复杂，影响权重的因素非常多，而且每一项设定或者数据获得的权重值也不同，比如产生一个点击

1 分，一个收藏 2 分，一个转化 20 分，而一个老顾客的再次购买可能是 35 分。虽然每项权重值有多有少，但是积少成多，无数个 1 分汇聚起来也是个很庞大的数值，淘宝上千万的卖家，只需要一点点权重可能就会差距很多排名。所以我们不能放过任何一个有可能影响权重的因素，能想到、能做到的一定要去做，还要做到最好。

2. SEO 作用

了解了权重的机制，还要知道 SEO 作用。在淘宝系统中，SEO 表示淘宝搜索引擎优化，通过优化标题、类目、上下架时间、主图详情、价格、DSR、层级、打标、滞销率等设定，还有不断提高优化点击、收藏、转化等数据维持来增加商品在淘宝搜索引擎中的权重值，从而获得更好的排名，最大程度地吸取站内免费流量。有了流量就有了顾客，有了顾客才会有购买行为，有了购买行为才会有成交额，成交额高了卖家才会有利润。不论实体店铺还是电子商铺，都是为了利润。所以一切利润的前提是我们能通过 SEO 吸引流量的多少。

SEO 包含的因素非常多，不限于前面提到的因素，所以需要不断地挖掘学习积累经验。下面我们以苹果为例子具体分析影响 SEO 权重的因素，学习 SEO 模型每个模型的定义、作用，学会怎么运用各个模型优化引流。

技能点二　基础模型优化

1. 简介

基础模型优化是淘宝搜索引擎检索机制最底层基础。产品标签匹配消费者搜索标签，只有两者对等起来，符合基础模型优化，淘宝才会把产品展现给消费者，消费者才能通过搜索引擎搜索到产品。

基础模型的权重值得分是产品在淘宝搜索引擎的及格线，虽然淘宝里同一类产品多达上百万个，但是真正可以获得展现机会的产品只有几万个，能不能出线是 SEO 优化的第一步。所以基础模型优化的作用是让产品获得展现。

2. 优化类型

基础模型包括类目模型、规则模型、文本模型、时间模型、买家模型，如图 5.2.1 所示。我们通过每个模型的分析讲解，学习如何运用各个模型优化引流。

图 5.2.1　基础模型

（1）类目模型优化

消费者通过关键词搜索，淘宝根据消费者需求，匹配最优类目给到消费者面前。所以我们在产品选择类目和关键词使用的时候，一定要使用契合度最高的类目。

淘宝根据每个关键词卖家搜索的次数和这个关键词类目转化率来决定优先展示类目。这样才能最大化保证买家能够快速地找到自己想要找的商品，所以优化类目很重要。选择类目，我们发布商品时一定要发布在最佳类目，即在买家搜索我们商品的主关键词时，发布在最佳类目的商品会被优先展示。如果类目放错不但没有流量，还有可能被处罚扣分。

类目是淘宝检索系统的前提和基础，所以权重占比很高。如图 5.2.2 所示。

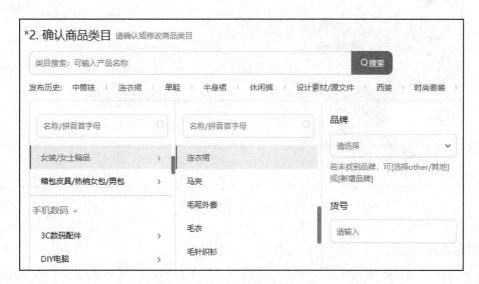

图 5.2.2 选择类目

（2）规则模型优化

无规矩不成方圆，不论卖家或者买家都要在遵守淘宝平台规则的前提下进行正常的商业行为活动。淘宝一直提倡的是公平竞争，反对用不正当手段提升各项数据，如违反则会被降权、屏蔽、删除商品、封闭店铺。商品链接出现问题，生意还怎么做？

处罚事项主要包括：虚假交易（炒作信用、销量）、偷换商品、重复铺货、广告商品、错放类目和属性、标题滥用关键词、价格严重不符、标题图片描述等不一致。

避免违规扣分，详见 rule.taobao.com。同时我们一定要多学习，注意规避，扣分越少，对店铺产品越有利。

（3）文本模型优化

文本模型优化包括标题优化和属性优化，是狭义上的 SEO 优化。淘宝 SEO 系统主要还是以文字系统为主的商品检索机制，我们通过优化与文字系统有关的因素，最大程度地匹配消费者的搜索习惯，提高检索出现的概率，增加流量。

① 标题优化

什么是标题？顾客在淘宝搜索引擎中输入关键字从而使商品获得展现的关键词，一系列关键词组合而成的产品在淘宝系统中的名字，标题如图 5.2.3 所示。

标题是产品获得展现的前提，如果我们的标题包含顾客搜索的关键词，产品就能获得展现，有了展现才有可能有后面点击、浏览、成交等一系列行为。所以标题是所有数据的源头，标题的好坏直接影响产品数据。

标题制作原则：科学找词，避开极限词，精准相关性，最大程度引流，精简组合选词，语句通顺。标题优化是一个长期的过程，需要不断挖掘上升潜力词，淘汰表现不好的关键词。

图 5.2.3 商品详情页标题

② 商品属性优化

商品属性在发布商品里设置，是淘宝搜索引擎对于标题的一种补充，用于商品更细化的检索，包括规格、颜色、品牌、产地、材质、工艺等，让顾客能更快更精准地找到想买的商品。

属性是标题的延伸，所以我们填写得越详细越好，越精确越好，从而有利于商品吸引精确流量。每种行业的属性不同，应具体对待。图 5.2.4 所示是淘宝搜索引擎关于苹果的属性选择页面。

水果种类	红富士	冰糖心	蛇果	青苹果	爱妃苹果					多选	
省份	陕西省	山西省	山东省	新疆维吾尔自治区	甘肃省	江苏省	四川省	云南省	辽宁省	河南省	多选 更多∨
特产品类	阿克苏冰糖心苹果	天水花牛苹果	阿克苏苹果	铜川苹果	白水苹果	昭通苹果	盐源苹果	礼县苹果		多选 收起∧
	陕西红富士苹果	耀州红富士苹果	荣成苹果	大连富士苹果						
热卖时间	5月	12月	11月	2月	1月	3月	4月	10月	8月	6月	7月 9月	多选
筛选条件	苹果果径	套餐份量	生鲜储存温度	相关分类∨						

图 5.2.4 搜索页属性筛选

属性不但用于搜索引擎，也在商品详情中展示，让顾客更好地熟悉了解商品，所以准确性很重要，如果与产品不符，则会影响 DSR；反之，优化好属性信息，不仅能提升商品权重，又能提升商品详情深度。

| 宝贝详情 | 累计评论 **0** | 专享服务 |

该商品参与了公益宝贝计划，卖家承诺每笔成交将为乡村小学支教大本营项目捐赠**0.02**元。该商品已累积捐赠**75**笔。
善款用途简介："支教大本营"项目是由海南省乡村教育发展促进会实施执行的一项全民公益活动。2017年预计计划将支教志愿者老师扩充至60人，截止到目前为止共计... **了解详情>>**

净含量: 2700g	包装方式: 食用农产品	同城服务: 同城24小时物流送货上门
品牌: 老农民	售卖方式: 单品	是否为有机食品: 否
生鲜储存温度: 0-8℃	苹果果径: 80mm（含）-85mm(不含)	热卖时间: 1月 2月 3月 4月 5月 6月 ...
产地: 中国大陆	省份: 山东省	城市: 烟台市
套餐份量: 5人份	套餐周期: 2周	配送频次: 1周2次
特产品类: 烟台苹果	价格: 0-50元	水果种类: 红富士

图 5.2.5 商品详情页属性

③ 关键词数据优化

每一个关键词都有不同的权重，当顾客搜索关键词后，每个商品的排名不同，所以我们要做的 SEO 优化就是不断优化每个关键词的权重，在此我们着重讲解从数据维度增加关键词的权重。以淘宝排名方式中的综合排名、人气排名、销量排名、信誉排名、价格排名为例。平时我们所说的权重值主要是在综合排名里，淘宝搜索引擎默认的就是综合排名，数据维度主要包括点击率、浏览量、收藏量、加购量、转化率、浏览深度、回头率、退款率、纠纷率、好评率、DSR 等，其中点击量、浏览量、收藏量、加购量、转化率、浏览深度是最直接快速影响关键词的权重，简而言之这几种数据维度优化提高，可以快速增加权重。

a．点击率优化

提高点击率，访客才会多。当然，提高点击率还需要一张有吸引力的主图。如图 5.2.6 所示。

如何分析顾客群的心理需要，我们仍以苹果为例。如果顾客首先想知道苹果好不好吃，我们就要精心拍摄制作苹果照片，把苹果甜脆、可口、新鲜的感觉表现出来。然后运用文字把产地、品种表明，因为产地和品种就是好吃与口味的代名词。这次我们选用的苹果是烟台红富士苹果，在全中国都是名牌。其次顾客最关心的是坏果的问题，因为水果属于生鲜，腐败和运输破损不可避免，但不管是挑选问题还是运输问题，我们要承诺包赔，根据损坏的程度大小拍照赔付。苹果属于生鲜果蔬，不支持 7 天无理由赔付，所以我们要承诺坏果包赔，解决顾客的后顾之忧。

主图不在于做得多精美，而在于创意，在于宝贝的凸显，在一页几十个宝贝中，一眼让顾客注意到。然后做出宝贝的卖点，文字卖点应符合顾客的心理需要。

图 5.2.6 苹果主图

b．浏览量优化

它是顾客在店铺内浏览宝贝的数量，是显示店铺活跃度的指标，对店铺权重有影响。这要求我们的产品建立体系，如图 5.2.7 所示，做好产品多样性，高中低价齐全。这个店铺我们主卖苹果，那我们也可以看其他的水果，像猕猴桃、橙子、橘子、火龙果、木瓜、杧果、山竹、榴莲、杨桃、梨、桃、菠萝蜜、龙眼、荔枝、草莓、樱桃季节性比较强的水果，每个季节上几个新品种。让喜欢吃水果的顾客来到店铺，有众多不同选择，琳琅满目，应有尽有，最好关联销售，提升浏览量。

c．收藏、加购、转化优化

这些是影响宝贝权重的主要因素，显示宝贝吸引顾客的程度。顾客有了收藏、加购之后，就有可能下单转化，所以与转化率成正比，对转化率的影响很大。收藏、加购、转化比较容易人工干预，我们可以自己促进顾客浏览时、咨询时收藏、加购。

促进顾客自主收藏加购转化有些难度，我们可以做一些活动，收藏加购送红包、优惠券、买几送几。顾客咨询的时候讨价还价、要求便宜的，我们可以不低于参加天天特价等活动打折的价格，损失不超过平均直通车成交费用。这里卖烟台红苹果，成本 20 元，我们卖 28 元，参加活动打 9 折，就是 22 元，也就是说，我们有 6 元的议价空间。如果顾客有议价的要求，我们完全可以满足他，来增加我们的转化率。另外，快递、包装、服务方面，我们也要尽量满足。当然，我们也不需要对每个顾客都这样赔钱亏损，根据自己的实际数据情况，如果当天数据不好，我们就运用这几种手段促成几单。

图 5.2.7 店内产品种类

已经知道怎么优化数据，下面还要知道这些数据需要每天每个小时增加多少，才会符合淘宝对一个有潜力宝贝的定义，让宝贝的权重值快速上升。在淘宝做生意是与上千上万个卖家竞争，想要在这么多卖家中脱颖而出，那当然是要比他们好，数据各项服务都比同行好。同行之中当然也有做得很好的，淘宝给他们分类定义为同行同层优秀。同层是店铺的交易额层级，层级有 7 层，不同的类目，具体标准不同。图 5.2.8 和图 5.2.9 所示为女装层级排名。

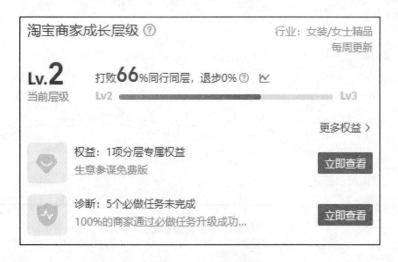

图 5.2.8 支付金额排名

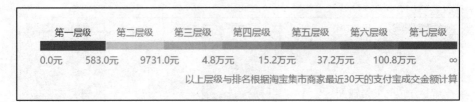

图 5.2.9 店铺层级

对数据的干预目标就是在同行同层之间对比，我们的数据不但要好于同行同层平均值，还要达到或者超过同行同层，如图 5.2.10 所示。

图 5.2.10 所示只是转化率的线性数据表，其他各方面数据收藏、加购、支付金额也要同转化率的曲线，不但高于同行同层平均，高于同行同层优秀，还要高于自己。什么是高于自己呢？就是每天都比昨天好，让自己各项数据呈一个稳步上升的趋势。淘宝系统的排名机制就是喜欢有潜力、有进步趋势的产品，比同行表现好，比自己好。不但要每天比昨天好，还要每天每个小时比自己好，让我们的各项数据时时刻刻都在上升。哪项数据比昨天差就去干预哪项数据，不用干预太多，好一点就可以，无数个好一点就产生了质变。说起来容易但做起来难，需要我们每天坚持去优化操作。PC 端和手机端排名权重各自独立，PC 端产生的数据只影响 PC 端排名，手机端产生的数据只影响手机端排名，大部分类目都以手机端为主，具体以数据分析软件为依据。

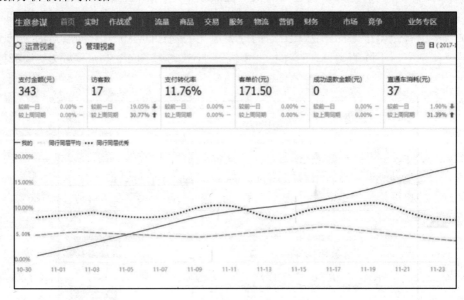

图 5.2.10 优化数据图

d．关键词权重优化

每个标题关键词都有自己的权重，如我们苹果的标题。

"苹果水果 新鲜现摘山东烟台大红富士，吃的苹果 5 斤 10 斤包邮非冰糖心"

主词为苹果水果展现最多（主词应该是苹果，但是与苹果手机有冲突，所以是苹果水果），苹果水果新鲜现摘、苹果水果烟台红富士、烟台苹果5斤等是属于长尾词。如果顾客在搜索引擎中搜索苹果水果从而进店收藏加购成交，那淘宝系统只会给苹果和水果还有苹果水果这三个词加权重，这三个关键词排名都会提升。如果从苹果水果新鲜现摘进店成交，就会增加苹果、水果、苹果水果、新鲜、现摘、苹果水果新鲜、苹果水果现摘、新鲜水果、新鲜苹果、苹果现摘、新鲜现摘等这些能组合出来的词都有权重。所以长尾词的权重是分散的，没有直接从主词苹果水果的产生数据给主词的权重高，主词虽然流量大，但是不太精准，产生的数据效果没有长尾词的高，各有利弊。不过还是推荐通过干预主词产生的权重更高。主词的流量太大，量变产生质变，长尾词相对流量还是小。所以简单一句话，顾客通过不同关键词产生的一系列数据，对标题的权重产生不同的影响。新店前期以干预长尾词为主，精准提高转化率，先求稳后求大。后期以干预主词为主，提高支付金额以提高店铺层级。

e. 回头率优化

老顾客再次购买你的宝贝，说明你的产品质量很好，服务很好，所以淘宝给回头客增加的权重很高，大于普通顾客转化给宝贝带来的权重。所以我们要重点建立自己的客户群，客户群是最精准的顾客群体，是我们重要的财富。

在发货的包裹里放一张小宣传卡片，加微信群或者其他软件聊天群送优惠券、送红包等。当然，拉客最重要的还是我们产品本身质量好，服务到位，这些才是在淘宝平台立足的根本。

（4）时间模型优化

下架时间优化：上下架时间不同于传统数据维度排名，是一种在时间维度上的排名机制。7天一个上下架时间循环，到了下架时间自动下架，越接近下架时间，宝贝权重越高，排名越靠前。上下架机制比较公平，不论集市店、企业店、天猫商城、天猫超市，一视同仁，给新品新店铺更多机会。接近下架时间，几个销量的宝贝也可以高于刚上架几千销量的宝贝，上下架时间对权重排名影响很大。所以我们要重视，分析同行上下架时间，优化自己宝贝的上下架时间。优化上下架时间原则如下。

① 避开同行集中上架高峰期

如果我们上下架时间与同行接近会加大竞争度，与众多销量很高的同行竞争，新店没有销量与评价数量的优势，所以要选择一个同行竞争力度最小的时间。以水果类目为例，主推苹果，我们通过数据插件搜集同行上下架时间，以销量排名收集统计50家以上同行上下架时间，统计数量越多越精准。

② 寻找每周行业流量高峰期

人们的生活购物习惯与工作日、周末息息相关。例如，购买办公用品的顾客一般是上班族，会在周一到周五工作日比较集中挑选购买。食品生鲜水果一般也是在周一至周四工作日购买，正好周六周日到货在家慢慢享用。

③ 分析每天流量高峰期

一天中每段时间流量也有高低不同，与人们的生活作息时间有很大相关性。早晨7:00起床吃早饭，9:00上班，12:00下班午休。下午1:00上班，5:00下班，6:00到家做饭，7:00吃饭，8:00没事就逛逛购物平台，买买东西，10:00休息睡觉。所以一天有三个流量高峰，中午11:00到下午1:00，下午3:00到5:00，晚上8:00到10:00。但不是绝对，要以具体行业、数据、经验为准。这里我们选择 10：00，因为下架这天排名都是比较靠前的，10：00 排名最靠前，这样就可以经过一天 3 个高峰时段，最大程度引流。上下时间要间隔一段时间优化一次，因为同行也会优化，我们也要跟随同行变化而变化。

（5）买家模型优化

买家模型也叫千人千面，是淘宝在 2013 年提出的新的排名算法，结合依靠淘宝网庞大的数据库，能从细分类目中抓取那些特征与买家兴趣点匹配的推广宝贝，展现在目标客户浏览的网页上，帮助卖家锁定潜在买家，实现精准营销的个性化算法推荐。任何一个改变，都会有其触发点。

千人千面搜索展示原理：对于它展现的主要针对不同人群进行精准定向投放相信已很深刻了，但消费者的搜索购买行为同样深深地影响着展示概率的大小。

不同的账户搜索同样的关键词"苹果水果"展示的搜索结果是不一样的，每个人的搜索结果都不一样，如图 5.2.11 和图 5.2.12 所示。每个消费者只要在淘宝网上购买或是浏览过，就会被平台打上标签，比如年龄、客单价、喜好、关注点等。标签的不同，千人千面展示下看到的产品就会有所差别，就像两个男生从来没有买过女性产品，但是第一次给女性买东西，搜索同一个关键词比如"连衣裙 女"，那么看到的也不一样。平台会根据你以往的一些购买行为打上标签，比如是年轻、高客单的，那么展示在你面前的连衣裙也会投放与这些标签相似度比较高的产品，这就是千人千面深入一步的展示。

图 5.2.11 顾客 A 搜索页结果

图 5.2.12 顾客 B 搜索页结果

只要顾客有过浏览我们产品或者店铺的行为，那以后淘宝就会在这个顾客面前优先展示我们产品，也就是说买家的购买和浏览行为决定着商家产品的优先展示顺序。如今互联网发展越来越成熟，所有互联网平台都在大规模地嵌入大数据个性化推荐算法，所以在运营商品与店铺中，务必重视而且要深入研究个性化算法推荐。要努力最大化免费引流，加大我们的付费投放，最大程度地曝光我们的产品和店铺，让更多的买家与我们店铺发生"关系"，提高顾客基数。明确产品特点，制定准确的营销方案、主图、详情、价格、产品风格、质量，吸引更多与买家特点相匹配的顾客，促成点击、浏览、收藏、加购甚至购买，提高数据量与转化。

技能点三 卖家模型优化

卖家模型是淘宝通过几项核心数据判断商家是否是优质商家，资质是否健全正规的方法。就像实体店要营业必须要取得营业执照、相关行业准入资质，营业执照也分个体户、小规模纳税人、一般纳税人、街边摆摊、小卖部、大商场等，正规程度高低意味着产品质量高低、服务质量好坏。不管实体或者网商，经营主管部门都希望旗下的商家资质正规、有质量保证、有完善的服务体系。

优化好卖家模型的作用就是告诉淘宝我们的商品质量有保证，服务有保证，淘宝搜索引擎就会放心大胆给我们流量，给我们顾客。而且我们自身正规了，也会给顾客更好的体验，发展出更多的忠实粉丝，打造店铺品牌知名度，如今的商业越来越重视客户体验。

卖家模型包括店铺模型和服务模型。店铺模型分为店铺类型、店铺层级、店铺服务、客单价。服务模型分为动销率、浏览深度、退款率、好评率、DSR。卖家模型如图 5.3.1 所示。

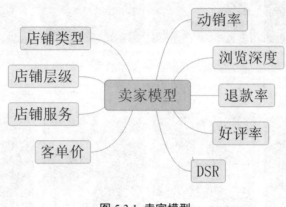

图 5.3.1　卖家模型

1. 店铺类型

淘宝平台店铺类型分为集市店、企业店、天猫商城。根据不同资质门槛，正规程度、权重不同，集市店（个人淘宝店简称 C 店）只需要个人身份信息，企业店需要企业信息、营业执照相关资质，天猫商城不但要相关企业资质，还有注册资金要求、商标所有权证明等。所以根据需要资质不同，淘宝给予店铺与宝贝的权重也不同。

权重排名：集市店铺<企业店铺<天猫商城。

排除其他因素影响，同样是零销新品，天猫的新品排名高于企业店铺，企业店铺高于集市店的。店铺类型对商品排名影响非常大，很多营销大促活动还是天猫专属，天猫商城有着巨大的优势。如果有实力推荐从天猫做起，既然起点不同，我们为什么不从高起点做起。

2. 店铺层级

淘宝系统把同行业类目的卖家的主营类目产品动态月支付总额分为七个层级。层级越高淘宝系统分配的流量越多。简而言之，就是淘宝根据月销售额给卖家分配流量，主营类目产品总成交额越高，说明店铺整体运营能力越强，宝贝权重越高，排名越靠前，而且还会根据店铺成绩给予商家更多权益。如图 5.3.2 所示。

所以要运用一切办法提高销量，提高客单价，提高总成交额，优化 SEO 提高排名，提高销量，做好关联销售提高客单价，多上活动提高总成交额。如果偶尔距离下一层级差一点，可以干预一些大额订单，提高一下销售额。层级像自来水管，直径越大，流过的水才能越多。层级增加产品的权重仅次于一个好标题的作用，是店铺整体实力的显示。每个月做好销售目标计划，争取达到更高层级。

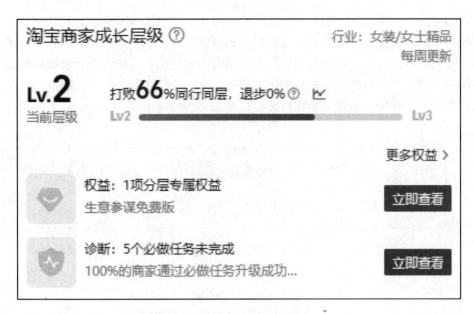

图 5.3.2 店铺层级排名与权益

3. 店铺服务

淘宝有很多服务的承诺（如图 5.3.3 所示），开通的服务承诺越多，权重越高，强制开通的是消费者保障协议，缴纳保证金。7 天无理由退货除了定制类目和生鲜类目，其他都非强制开通。还有很多可选择加入的服务，不同类目不同需要，尽量能开通的都开通。

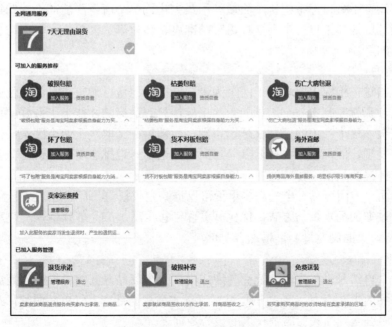

图 5.3.3 淘宝服务

我们的店铺主营水果，是生鲜类目，不支持 7 天无理由退货，但是可以开通坏单包赔。很多顾客还是很看重这个服务的，比较担心破损的问题。我们加入了这项服务，可以给顾客吃颗定心丸，对提高转化率也有一定作用。还有蚂蚁花呗和信用卡支付都可以提高转化率，很多顾客支付宝里没有现金，喜欢用蚂蚁花呗或者信用卡付款。虽然蚂蚁花呗和信用卡有 1% 扣点，但是为了转化率和数据是值得的。如图 5.3.4 所示。

图 5.3.4　承诺和支付方式

4. 客单价

客单价高低显示经营者经营实力、营收实力。阿里巴巴集团本质还是商家，还是以营利为目的，谁给淘宝创造的利润多，就给谁更多的权重、更高的排名、更多的流量。

客单价=日成交额/访客数

讲解客单价原理，我们需要先了解另两个相关的概念"单位流量产出"和"单坑月产出"。

（1）单位流量产出

单位流量产出等于客单价乘以支付件数再除以访客数，就是平均每个访客所能够带来的销售额，这个是一个非常重要的指标。不难想象，因为在整个平台流量增长放缓且趋于稳定的大环境下，淘宝平台自然希望每个流量利用最大化，单个流量所能产出的销售额自然越高越好。这个指标的好坏来自三个因素：访客精准度、转化率、客单价，其中访客精准度是决定转化率高低的。

（2）单坑月产出

单坑月产出这个指标主要取决于两个因素：价格和销量。淘宝首页的坑位就那么几个，谁都想上首页，那就要制定一个衡量能力的指标，只有达标的才能上。最好的位置当然留给最大产出的宝贝，这个产出的评判就是销售额，而销售额又取决于两个因素：价格和销量。所以，现在会发现，低价不一定排名靠前，高销量也不一定排名靠前。价格与客单价也有密切的关系，价格提高，相应客单价就会提高。

通过上面两个方面可以看出提高客单价可以提高宝贝权重，而且是重点影响 SEO 优化的因素。前面讲过增加浏览量的方式，优化好关联销售，增加产品多样性，提高服务从而增加 PV（Page View，页面浏览量），增加客单价。

（3）客单商品率

考核在一个自然月里平均每一笔交易能成交多少个商品，其实考核的就是店铺关联促销能力和人气单品的带动能力。店铺占比 60% 流量才是我们推广人气单品爆款，那么爆款能带来关联销售有多强是判断我们店铺权重的核心数据之一。

关联销售：指一个宝贝页同时放了其他同类、同品牌可搭配的关联宝贝。

① 互补关联：互补关联强调搭配的商品和主推商品有直接的相关性，如主推商品为苹果，那可以搭配橙子、柑橘、香蕉、猕猴桃、杧果等。

② 替代关联：替代关联指主推商品和关联商品可以完全替代，如主推商品为红富士苹果，那么，关联产品可以为红将军、金帅、蛇果、糖心苹果等。

③ 潜在关联：潜在关联重点强调潜在互补关系，这种搭配方式一般不推荐，但是针对多类目店铺时则可以考虑。如主推商品为苹果，那潜在关联的商品可以为水果刀、削皮器两种产品，在潜在意义上，买苹果的人可能需要削皮、分割等。

④ 大多数商家都喜欢把关联产品的信息放在商品详情的前面，这样做的目的是快速并最大程度让顾客浏览到其他的商品，增加购物车商品数量以提高客单价，其目的是好的，但是做法并不完全正确。

⑤ 在宝贝描述前加入关联销售宝贝、套餐，是一种可行的方法，但是必须要控制展示商品的数量，否则直接影响用户体验。

⑥ 在宝贝详情中嵌入超链接关联商品，同前面提到的大致相同，都需要注重质量、注意数量，否则会烦琐，使消费者失去继续浏览下去的耐心。

⑦ 在宝贝详情介绍完以后做关联销售，其实这个位置刚刚好。为什么呢？能够花费这么久的时间浏览我们的宝贝描述，证明该顾客很喜欢我们的产品，购买欲望非常强烈。那么在这个时候，最后加上了相关产品或者配套产品的时候，无论从点击率、转化率、客单价来看，都是可以明显提高的。

（4）关联销售的方法

① 套餐搭配把相关商品组合成套餐。

可以把相关产品组合成一个套餐，还可以设置优惠价格吸引顾客购买，以此提高客单价。如图 5.3.5 所示。

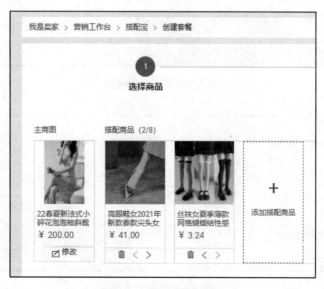

图 5.3.5 创建搭配套餐

② 图片加超链接。

编辑宝贝详情，用神笔模板编辑图片加链接，比较简单方便。电脑端神笔编辑加链接，如图 5.3.6 所示。

③ 浏览深度优化。

详情页的浏览深度与平均店铺停留时间成正比，一个有吸引力的详情页是增加浏览深度与停留时间的关键，吸引力其实就是让顾客看到顾客最需要、最关心的方面。每天查看分析自己店铺的平均停留时间，如果低于平均值就需要不断优化。增加浏览深度和停留时间，降低丢失率，可以提高收藏加购数据，提高转化率，如图 5.3.7 和图 5.3.8 所示。

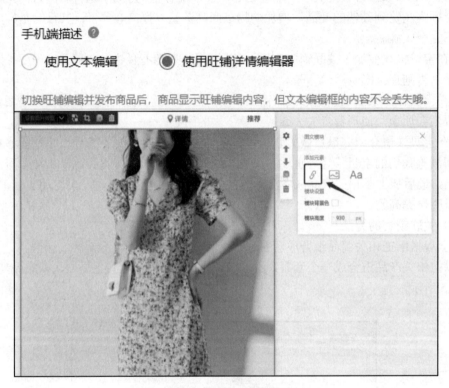

图 5.3.6 图片加超链接

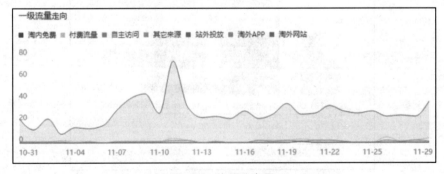

图 5.3.7 流量分布图

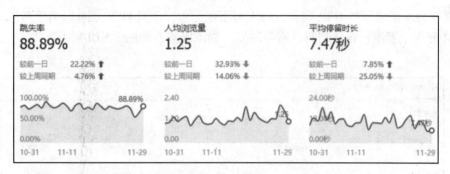

图 5.3.8 跳失率、人均浏览量与平均停留时长

（5）店铺滞销率、动销率

什么是滞销产品呢？近 90 天、无编辑、无浏览、无成交的商品。滞销商品是不进入淘宝搜索系统的，使用全标题去搜索宝贝面也不能找到对应该宝贝。滞销率就是整个店铺的滞销产品占比。而动销率，是指销量产品的占比。

官方规则中，有这样一个扶植点：店铺的动销率。全店宝贝的动销率必须达到 50%以上才能获得整店的扶植加权，而且发布 10 个以上的宝贝才计算动销权重，也就意味着虽然你不足 10 个宝贝可以卖，但相对竞争对手在相对权重上吃亏。

如果店铺发现滞销产品，可以重新编辑一下、改改价格，再上架。当然最好是删除宝贝，重新上架，也算是上新一个产品。发布宝贝一个月之内必须销售几笔，以增加这个店铺的动销率，增加店铺权重。

（6）退款率、退款速度、纠纷率、投诉率

退款率低说明我们的产品质量、服务等方面良好，淘宝会优先展示，增加宝贝的权重。

退款一半是质量问题，一半是尺寸问题，还有一部分是快递问题。每家店铺退款是不可避免的，但是我们要尽量优化服务，提高质量，选择好的快递来降低自己的退款率。退款速度涉及客服人员的服务态度、工作效率，在发货包裹里放置退款地址、退款流程、旺旺名字、订单号、退换货原因，引导顾客快速便捷地退换货，也减少自己的工作量。

纠纷率、投诉率是售后人员态度问题，能沟通就沟通。发现退款订单第一时间打电话沟通解决，态度要诚恳，大部分售后问题可以快速简单地解决。遇到不太容易沟通的顾客，能用钱解决就用钱，赔偿一些不超过我们底线就可以。

这里我们店铺做苹果，完全可以按照苹果损坏的程度赔偿，坏一个小点儿赔偿 5 角，坏硬币大小赔偿一元，坏一半赔偿两元。虽然苹果属于生鲜，不支持 7 天无理由退换货，但是为了降低纠纷率，完全可以用这种小小的赔偿方式，降低店铺售后率。如图 5.3.9 所示。

（7）好评率，DSR

这个方面是淘宝店铺质量、服务的主要指标，淘宝会优先展示好评率高的、DSR 评分高的。这两个指标是 180 天之内动态评分，所以我们可以不断优化提高，当然如果不注意也会降低。好评率高的商家商品优先展示，尽最大努力减少中、差评，提高商品质量和服务水平。而且中、差评太多被顾客看到也自然会降低转化率，评价不好谁会买？

DSR 对于宝贝的权重值影响很大，淘宝希望给顾客推荐质量好、服务好、速度快的商家，我们需要努力不懈地坚持 DSR 优化，每天都不能懈怠，而且 DSR 还会影响报名活动。

DSR 分 3 个维度：描述相符、服务态度、物流服务，如图 5.3.10 所示。

维权概况	维权分析		
维权概况			
退款率 ⑦	纠纷退款率	介入率 ⑦	投诉率
-	-	-	-
较前一日	较前一日	较前一日	较前一日
品质退款率	纠纷退款笔数	品质退款商品个数	退款完结时长
较前一日	较前一日	较前一日	较前一日

图 5.3.9 售后率

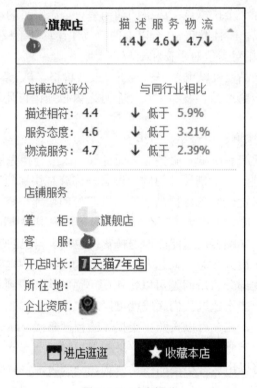

图 5.3.10 动态评分

① 描述相符。

它就是指主图、详情页、文字描述是否真实反映产品的客观状态。

简单一点说就是你的主图、详情页、文字描述是否夸张，以次充好、夸大其词，看图很漂亮，质量很棒，而实际产品质量却很差。当然，我们做淘宝从狭义上讲卖的就是图片和文字，因为网络购物看不到实物，顾客只能先看到图片、文字，所以淘宝会用这种评分来限制卖家，以免卖家描述太夸张。不是说不能夸自己的产品，而是不能给顾客太高期望值，期望越高，失望越大。你把产品描述得远远超过真实状态，收到宝贝时顾客会很失望，打分就会很低，往往一个不开心三个方面评分全给你 0 分就得不偿失了。

所以首先是真实描述，第二就是质量过硬，好的质量才是最重要的。

以苹果为例，不是主图详情把苹果描述得越大越好、越红越好，我们卖的苹果是红富士条纹品种，本身特点就不是特别红，但是比全红的口味好，更甜。很多顾客收到苹果会对颜色有质疑，所以主图详情要真实描述，详细说明。

② 服务态度。

淘宝在评分方面对卖家是不公平的，顾客怎么说都行，但如果卖家语言不恰当就会招来投诉。所以客服人员态度就一个标准，"打不还手，骂不还口"，笑脸相对，一视同仁，细心周到，热情对待，服务好每一个顾客，做生意靠的就是服务。

③ 物流服务。

物流服务包含三方面，一是发货速度，二是运输速度，三是包装问题。一定要在 24 小时之内发货，很多顾客性格太急，超过一天就会询问很多次。运输速度就是快递、物流从揽收到顾客签收的时间差长短。一定要选速度快、服务好的快递公司，优选 2 家到 3 家，按省份价格发快递减少成本，也给顾客选择的空间，还可以以防万一。服务好的快递公司对于快递破损赔偿很快、很便利，利于我们提高工作效率，提高 DSR。水果生鲜蔬菜、易碎品行业对快递要求很高，要更精心对待。

物流服务也包括我们的包装问题，如果包装不够结实，再经过漫长的运输过程，更容易出现损坏。我们店铺的水果要用 5 层瓦楞纸箱，外加防震泡沫、气泡柱，最大程度降低宝贝破损率，自然就会提高物流服务的评分。如图 5.3.11 所示。

店铺动态评分		与同行业相比
描述相符 4.9	▲	高于49.50%
服务态度 4.8	▲	高于35.72%
物流服务 4.8	▲	高于44.07%

图 5.3.11 动态评分简化图

每个行业平均 DSR 不同，但是一定要不断地优化 DSR，高于同行平均水平。

④ 拍发时差。

从顾客拍下付款到物流出现揽收信息，速度越快越好，一个影响因素是我们自己的在交易系统中输入单号的时间，另一个因素是快递公司扫描信息的时间。宝贝发货时间不能超过物流模板中承诺的发货时间，超时会影响宝贝权重。发货速度越快转化率也越高，增加宝贝权重。我们的苹果水果可以 36 小时之内发货。

⑤ 旺旺反应速度、旺旺在线时间。

提高顾客咨询时旺旺回复的速度，可以多设置自动回复，加快回复时间，增加顾客体验，也可以增加权重。养成习惯，上班第一时间打开旺旺或者千牛，客服两班轮换到晚上 12 点，既可以增加转化率又可以增加旺旺在线时间。

5. 宝贝打标

打标即是淘宝给我们的产品打上相应的标签，有标签的产品增加权重，优先展示。现阶段标签种类有新品、代购、定制，每个类目能打的标签不同。打标有要求，要符合淘宝的相关标准设定。

（1）新品标

新品标不需要申请，是淘宝官方推荐类目，可以打新品标类目如下：

女装/女士精品、箱包皮具/热销女包/男包、女鞋、服饰配件/皮带/帽子/围巾、流行男鞋、饰品、3C 数码配件、男装、男包、旅行箱、旅行包、童装、玩具、内衣、童鞋。

获取新品标的基本要求：店铺一年之内无 B 类扣分，A 类扣分小于 12 分，宝贝主图无"牛皮癣"，不是旧款重发，必须是上新，自己实拍图片，14 天内新发宝贝。

新品标出现时间一般是 1~4 天，类目不同时间也不同。天猫出现的时间会更长一些。所以大家不要因为已上架的宝贝没有新品标就担忧。

不同类目，新品标的存在时间长短是不同的。一般 3C 数码配件 14 天。女装/女士精品、箱包皮具/热销女包/男包、女鞋、服饰配件/皮带/帽子/围巾、流行男鞋、饰品、男装、男包、旅行箱、旅行包、童装、玩具、童鞋等 28 天。内衣可以长达 30 天。

有新品标的商品都有相应的流量渠道扶持，在直通车、钻展、淘客、淘宝活动、类目流量都是优先展现的。淘宝搜索引擎搜索"×××新品"展示的结果，大部分是带有新品标的宝贝。如图 5.3.12 所示。

5.3.12　主图新品标显示

打新品标的注意事项如下。

① 款式不要与别人重复，不要有同款或者类似款式。

② 主图不能抄袭，或者构图配色雷同，有了新品标之后，不要修改主图。

③ 宝贝属性尽量填写得与别人不同，特别是货号。

④ 宝贝标题不能照搬别人的，在符合黄金标题的原则下，尽量与别人不同。通过全标题搜索，如果只显示你自己的产品就可以了。

⑤ 宝贝详情页也不要抄袭，自己原创，与众不同。

⑥ 不要放仓库太久，因为新品标时间是从宝贝上线算起，在仓库中同样是可以打标的。

（2）定制、代购

相应类目在发布宝贝的时候可选择项（如图 5.3.13、图 5.3.14 和图 5.3.15 所示），如果我们的产品是私人定制类产品，可以选择打相应标签。

图 5.3.13 发布宝贝支持定制选项

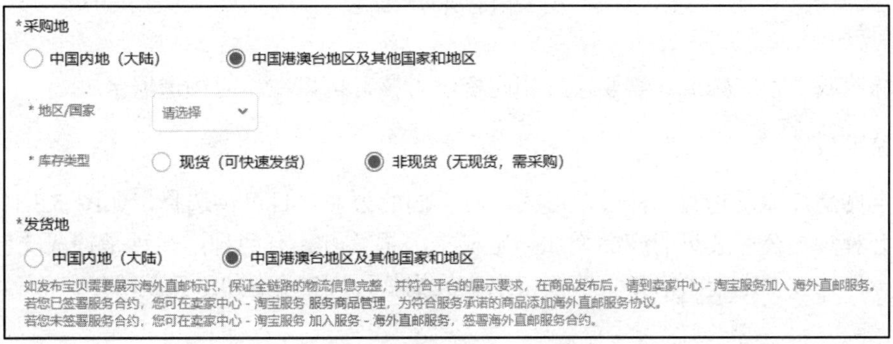

图 5.3.14 发布宝贝采购地选择

图 5.3.15 天猫国际与海外直邮

（3）频道标志

全球购、iFashion、极有家（如图 5.3.16、图 5.3.17 和图 5.3.18 所示）等是店铺标签，有相应频道。

全球购不需要申请，只要店铺 100%宝贝采购地是海外及我国港澳台地区、现货、店铺资质符合淘宝要求，就会自动获取全球购标签。

图 5.3.16　全球购标志图　　　　　　　　　　　　图 5.3.17 iFashion 标志

图 5.3.18　极有家标志

其他标签属于相应频道，需要通过相应资质考核，可以在相应频道展示。

6. 公益宝贝

公益宝贝是淘宝发起的一种公益形式，有不同的公益项目可供选择，如图 5.3.19 所示。淘宝系统会对参加公益宝贝的产品增加一定权重。捐款方式有两种：一种是按成交额百分比捐款，另一种是按指定金额捐款。若按指定金额捐款，固定金额 0.1 元就可以。

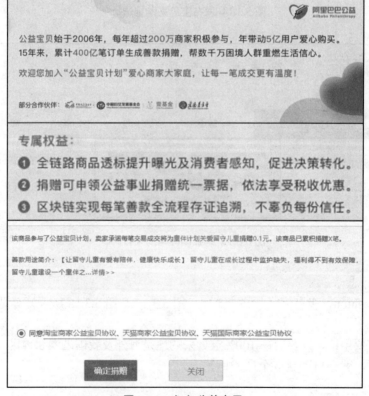

图 5.3.19　加入公益宝贝

设置公益宝贝路径→商品→勾选商品→勾选公益宝贝选项→选择公益项目，如图 5.3.20 所示。按个人爱好，选择项目，虽说每笔金额小，但也是一份爱心，每个项目有目标捐赠上限，如果金额满了项目就会自动停止，所以要注意勾选自动续签支持新项目。

图 5.3.20 公益项目选择

捐款方式选择最低金额 0.1 元即可，如图 5.3.21 所示。

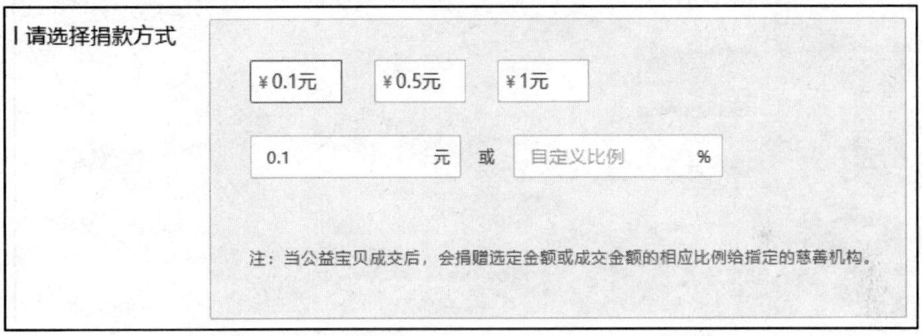

图 5.3.21 公益宝贝金额选择

7. 金牌卖家

金牌卖家是对一段时间内成交好、服务好、口碑好的卖家的一种激励手段，淘宝运用数据，通过给卖家打标的方式完成。集市店、企业店满足一定条件自动获得金牌卖家标志，如图 5.3.22 所示。但是相对资质条件要求比较高，如图 5.3.23 所示。有金牌卖家的店铺宝贝会优先展示，还有很多额外特权。

数据考核生效周期：每月 1 日～15 日、每月 16 日～最后自然日，如图 5.3.24 所示。

图 5.3.22　金牌卖家标志

考核指标	当前　上一期		
指标名称	期望水平	卖家当前状态	是否达标
基础条件指标			
累计开店天数	≥183天	2713天	✓
在线商品数	≥3件	4件	✓
消费者保证金缴纳	缴纳保证金（含保证金计划）	已缴纳	✓
自然年内一般违规处罚	<12.000分	0.000分	✓
自然年内严重违规处罚	=0分	0.000分	✓
自然年内售假违规处罚	=0分	0.000分	✓
店铺主营类目	金牌卖家考核类目范围说明	女装/女士精品	✓
经营能力指标 考核期：2022/08/01-2022/08/15			
交易额	参考考核期内类目均值，具体指标值 以打标当天的数据为准	0.00元	

图 5.3.23　金牌卖家审核标准

我的数据	
当前考核周期 **第 195 期** 2022-08-01 至 2022-08-15	上期结果 **未获得金牌卖家** 继续努力

图 5.3.24　金牌卖家考核结果

金牌卖家随着时间标准与周期会发生变化、类目也不断增多，同时赋予更多的权益，以此良性地激发卖家对"金牌"的向往,体现"金牌"的价值。

金牌卖家致力于帮助卖家打造服务好、口碑好的消费心智,会在消费者浏览页面进行透出,目前主要位置包括如下几方面。

手机端店铺信息页,如图 5.3.25 所示。

PC 端商品详情页,如图 5.3.26 所示。

PC 端店铺资质页,如图 5.3.27 所示。

图 5.3.25 金牌卖家标志透出 1

图 5.3.26 金牌卖家标志透出 2

图 5.3.27 金牌卖家标志透出 3

拥有品牌和营业许可的产品有机会优先展现给卖家。进口类商品需要中文标签和报关单等资质证明。这里水果苹果只需店铺营业许可与生产许可证编号,展示在宝贝详情。

品牌申请路径→商品→发布商品→选择品牌→品牌申请,如图 5.3.28 所示。

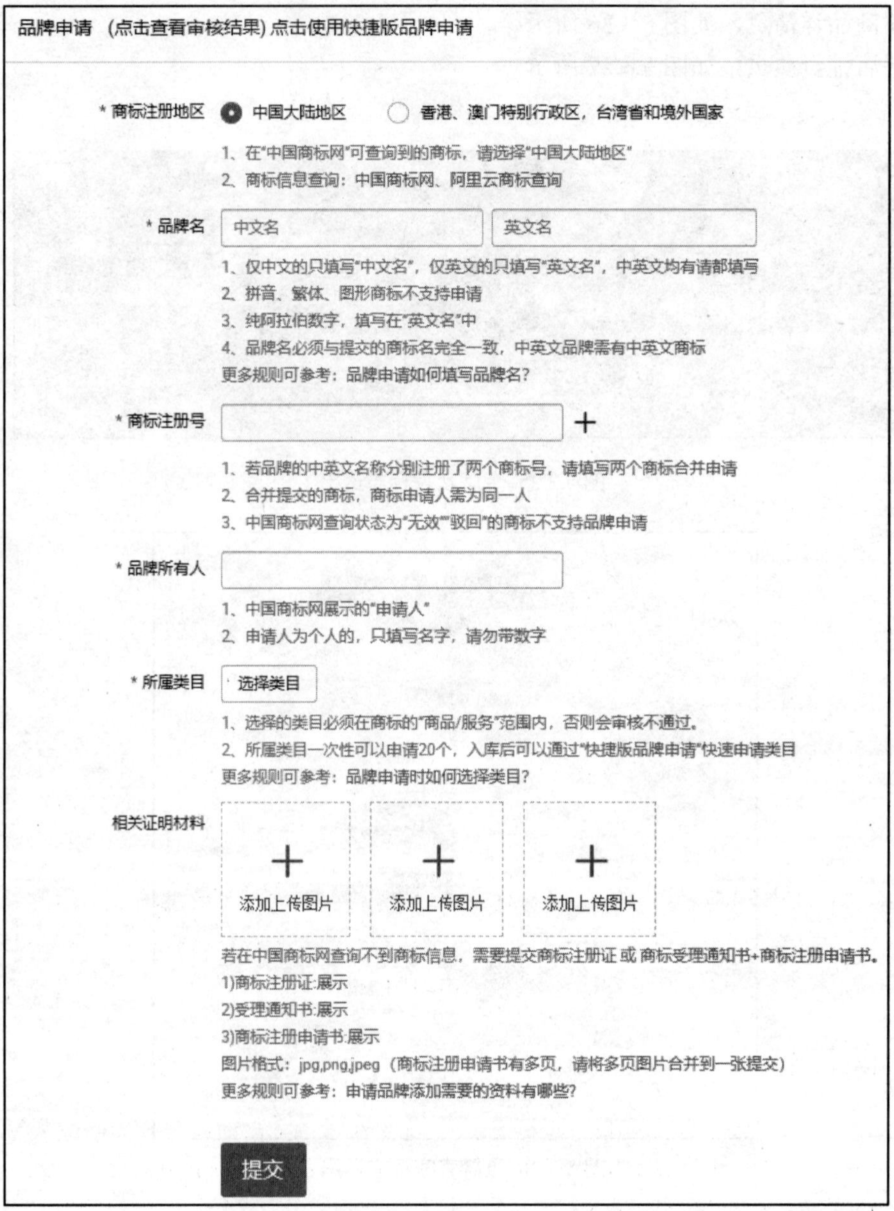

图 5.3.28　申请品牌认证

添加营业许可路径→店铺→店铺信息→店铺经营许可,如图 5.3.29 所示。

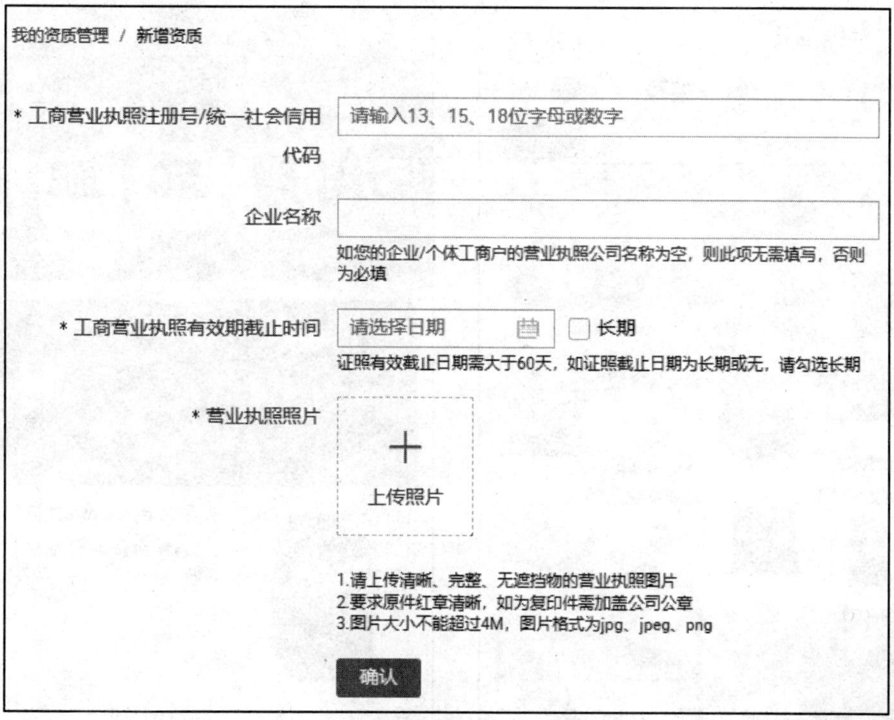

图 5.3.29 添加营业资质

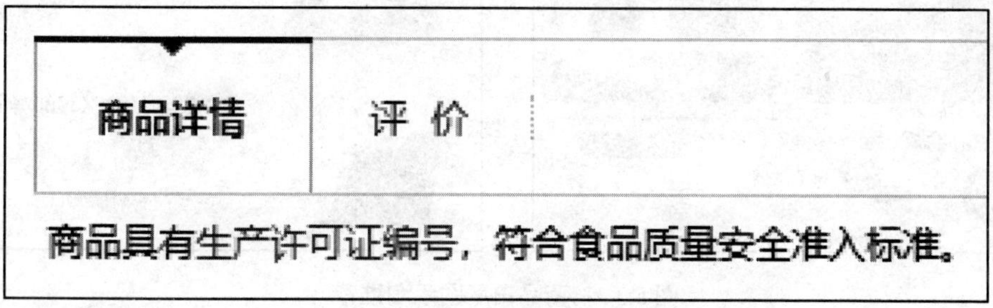

图 5.3.30 生产许可证详情页显示

8. 商品白底图

宝贝五张主图的最后一张，可以上传白底图，有机会出现在首页。如图 5.3.31 所示。

手机淘宝首页上大部分商品会针对不同的用户需求推荐不同的宝贝入口，千人千面并且所见所得，大家看到的商品都不同。

图 5.3.31　商品白底图手淘推荐

重点展示渠道：有好货、必买清、爱逛街、热门市场、猜你喜欢等。

如果想要在手机淘宝首页的这些渠道获得展现机会，白底图是基础，是必须的！如果没有符合要求的白底图，是不会在首页展现的，也就是说你这个商品是不可能在这些渠道的首页入口中被浏览到。如果能够出现在手机淘宝首页，不仅可以获取大量的精准曝光流量，同时还会获得产品内宝贝置顶的额外流量。买家是看到入口图吸引进来的，那么对应宝贝的点击购买转化会非常高。以有好货为例。

商品白底图（如图 5.3.32 所示）发布注意事项：

● 图片尺寸：正方形，图片大小必须 800x800px，分辨率 72dpi。

● 图片格式及大小：JPG 格式，300k 以内。

● 图片中商品主体完整，撑满整个画面不要预留边距：商品是正方形的，四面顶边；

商品是长方形的，上下顶边，左右居中；是横版的，左右顶边，上下居中。

- 背景必须是纯白底，最好将素材抠图，边缘处理干净，无阴影，不能有多余的背景、线条等未处理干净的元素。
- 无 Logo、无水印、无文字、无拼接，无"牛皮癣"。
- 不可模特拍摄，不能出现人体任何部位如手、脚、腿、头等。
- 必须是平铺或者挂拍，不可出现衣架（衣架挂钩也不可以）、假模、商品吊牌等。
- 商品需要正面展现，尽量不要侧面或背面展现，主体不要左右倾斜。
- 图片美观度高，品质感强，商品展现尽量平整，不要褶皱。
- 构图明快简洁，商品主体清晰、明确、突出，要居中放置。
- 每张图片中只能出现一个主体，不可出现多个相同主体。无论是几件套，套装的几件商品中还是要有一个商品主体，其他为辅。商品构图要紧凑，几件商品的间距不要过大，否则会影响商品的展示效果。构图不要过于细长，尽量方正，这样最利于商品在首页最大化展现。
- 商品主体必须展示完整，展现比例不要过小，商品主体要大于 300 PX×300 PX。

图 5.3.32 商品白底图

技能点四 营销策略优化

营销策略是根据消费者心理特性策划出符合消费者心理特性的营销方案。首先，消费者是人，是人就会有心理特征，有些心理特征是在人的潜意识里，在不知不觉中影响人们的购物行为决策。其次，电商是商业进化发展出来的一种销售形式，本质还是市场营销，市场营销需要分析消费者的心理需求，运用心理学工具，寻找消费者的弱点进行心理营销。

只要抓住顾客心理需要，就能高效快速地卖出产品，不但可以提高成交额，提高利润，也可以提高淘宝搜索引擎需要的数据，如点击率、收藏率、加购率、转化率，从而提高产品在搜索引擎中的权重排名。

　　人对未知事物的好奇心，对弱者的同情心以及人性的弱点具有普遍性、隐蔽性。我们通过价格模型、优惠手段、同情营销、反差营销等学习策略营销。现只以主图或价格举例，其实还可以延伸到详情页和文案，如图 5.4.1 所示。

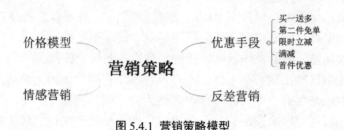

图 5.4.1 营销策略模型

1. 价格模型优化

　　淘宝遵循的原则就是满足各种需求，那么首先是满足大部分人的需求，再根据个性需求的不同特点进行不同满足，那么价格模型就是说用户最容易接受的价格区间对应的宝贝会被优先展示。

　　比如在搜索苹果水果的时候，通过筛选条件看到消费者选择占比最多的几个价格区间（如图 5.4.2 所示），在做优化的时候就根据主要关键词占比最高的价格区间来设定产品价格。另外，还要考虑成本和利润，综合来定价。60%的顾客会选择 24 元到 58 元的价格区间，那么我们定价就要尽量定在这个区间，如图 5.4.3 所示。

　　（1）优惠营销

　　优惠营销是运用一些优惠打折手段进行营销。表面上看是便宜，但是本质是贵的，"羊毛出在羊身上"，前面便宜后面贵，可对人的诱惑力还是很大的。

　　买一送多就是通过附赠品提升产品价值，刺激消费者。但是如果赠品出现质量问题导致买家给差评，这个就比较亏了。对产品要严格把控，细节决定成败。要送就一定送品质好的小赠品，简单、实惠、实用性强，而且是家里经常用到的。如图 5.4.4 所示。

　　（2）第二件半价

　　低价冲量，在原有价格上提升然后做半价活动。如图 5.4.5 所示。

图 5.4.2 苹果水果搜索结果页面

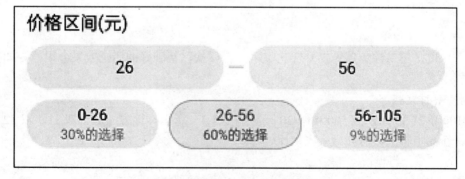

图 5.4.3 价格区间选择

图 5.4.4 买一送多

图 5.4.5 第二件半价

（3）第二件免单

第一件贵，第二件免单。提升转化率，打造爆款，基础好的店铺效果会很好。如图 5.4.6 所示。

（4）限时立减

前 100 单减 30 元，前 500 单减 20 元，如图 5.4.7 所示。该方法适合双 11、双 12 等大促销活动，新品上市用限时立减效果也比较好。

图 5.4.6 第二件免单

图 5.4.7 限时立减

（5）满减

满一定的额度做优惠，促进消费，提升客单价，目的就是转化，而且让他买得更多，越多越便宜。比如 50 减 5 元，100 减 15 元，150 减 20，200 减 30，以此类推。如图 5.4.8 所示。

图 5.4.8　满减

（6）首件优惠

第一件优惠半价，再买就恢复原价，一件不包邮，想包邮必须满足包邮条件，满金额包邮或者满件数包邮。这样虽然第一件是赔钱，但是后面可以贵一点，把利润加上去。如图 5.4.9所示。

图 5.4.9　首件优惠

2. 情感营销

人的潜意识是受情感驱动的，而非逻辑。所以只有产品触动了用户的心灵，就能提供超越商业的价值。利用顾客对弱者的同情心，打感情牌。同情心，简单来说就是在情感的层面上产生一种强烈的共鸣,是一种怜悯、感动的情感。而这种情感往往是具有冲动性的,换言之,当客户面临一个让他感同身受、产生怜悯的场景,就会产生一种要为这个群体做点事情的冲动,他们的同情心理也就产生了。苹果等初级农产品,市场很容易大幅度波动,造成挤压、贬值,损失惨重。可以使用是否买家帮助农民的情感营销。如图 5.4.10 所示。

图 5.4.10 情感营销

3. 反差营销

卖家主图千篇一律,追求主图精美、诱惑、创意,在别人现有主图风格的基础上进行优化,再加点创意。但是忽略了创意真正的含义,正常反面即是反差。你们追求精益求精,而我们要追求简单丑陋、返璞归真,在有些情况下也可以引起消费者的好奇心,提高点击率。如图 5.4.11 所示。

图 5.4.11 反差营销

运用工具辅助分析数据，如图 5.5.1、5.5.2 所示，实现运动鞋基础 SEO 工作，制作黄金标题。

我国一些地区种植的长绒棉是世界上品质最优质的棉花品种，最适合作为服装鞋帽的原材料，我们的国货品牌质量与功能一点儿不比国外的差，所以我们于情于理都要无条件地支持我们的国货品牌，爱国从我们做起。

下面以某品牌为例，为这款运动鞋制作一个黄金标题。

图 5.5.1　某运动鞋

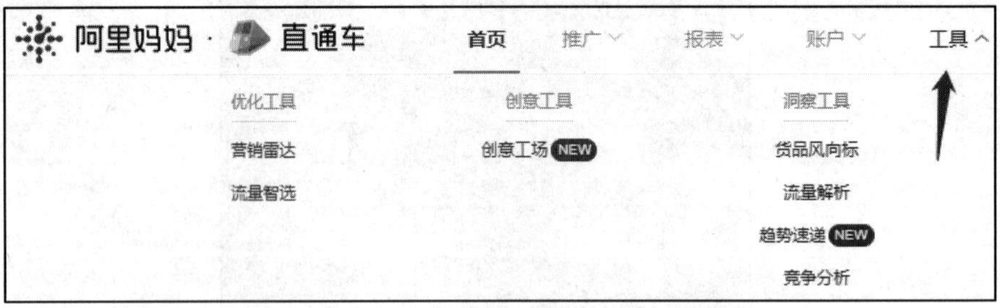

图 5.5.2　直通车后台流量解析

第一步：搜索关键词"运动鞋"进行分析，分析各项数据，如图 5.5.3 所示。

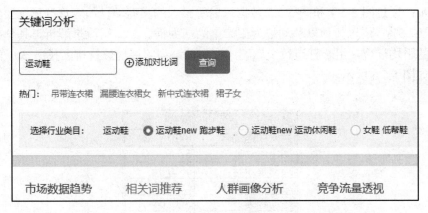

图 5.5.3 搜索关键词

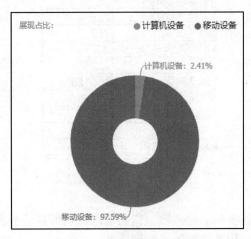

图 5.5.4 关键词端口分析结果

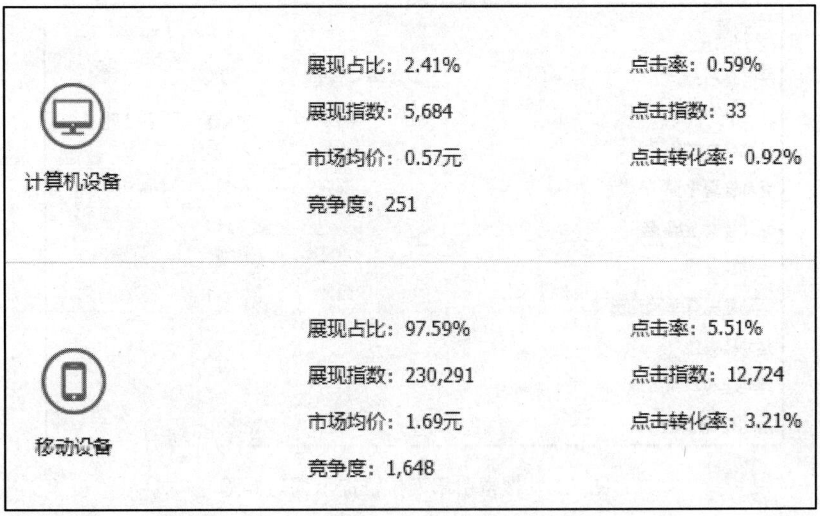

计算机设备	展现占比: 2.41%	点击率: 0.59%
	展现指数: 5,684	点击指数: 33
	市场均价: 0.57元	点击转化率: 0.92%
	竞争度: 251	
移动设备	展现占比: 97.59%	点击率: 5.51%
	展现指数: 230,291	点击指数: 12,724
	市场均价: 1.69元	点击转化率: 3.21%
	竞争度: 1,648	

图 5.5.5 运动鞋数据分析结果

第二步：通过图 5.5.4 和图 5.5.5 数据可以看出，购买运动鞋的客户群体主要分布在移动端，占比 97.6%，所以找词以移动端为主，电脑端为辅。然后用流量解析工具分析每个词一段时间内的平均展现，组合打造黄金标题，根据关键词的展现数量排名找出 30 个字或者 60 个字符，如图 5.5.6 所示。

关键词	展现指数
男网面运动鞋	6787
黑色运动鞋	6735
运动跑步鞋	59870
运动鞋男夏季	50841
运动鞋男	376764
运动休闲鞋	37001
男鞋运动鞋	32067
黑色运动鞋	26934
鞋 运动鞋	25213
男网面运动鞋	22776
运动鞋	222368
运动鞋男	160129
休闲运动鞋男	10958
黑色运动鞋	10529
某宁运动鞋	18012
某宁运动鞋男	16782

图 5.5.6 关键词展现数据

此款鞋属于网面运动跑步鞋品牌某宁。我们通过流量解析分析得出展现数据前三十名的关键词，然后把与我们产品相关性低的关键词去掉。

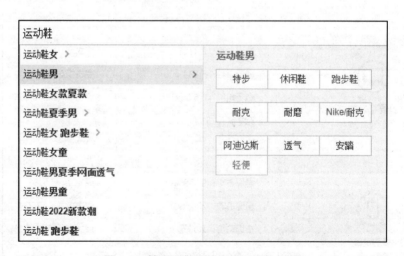

图 5.5.7 搜索引擎下拉框提示词与标签

再通过如图 5.5.7 所示搜索引擎下拉框提示词与个性化标签综合分析，按照黄金标题的格式来组合标题。

黄金标题格式：品牌词+核心词+属性词+修饰词+核心词。

组合后标题：某宁运动鞋夏季男跑步鞋黑色休闲鞋透气轻便耐磨 2022 新潮运动鞋。

通过对免费引流各种方法渠道的学习，掌握 SEO 模型的原理，熟悉各种影响 SEO 模型的优化方法，熟悉淘宝营销活动中心，了解其他各种站外引流渠道，建立一个免费引流的概念体系。SEO 等引流方式不是一朝一夕的工作，需要长期努力的坚持，不断地细化所有可以影响店铺或产品权重的因素，才能使店铺或者产品的权重和排名稳定上升。

电商行业发展已经进入成熟期，电商创业者已达上千万，从事行业囊括了深入人民生活的方方面面，但是电商的主要区域还是局限于沿海发达城市且趋于饱和，中西部与革命老区还有待发展，这也给我们提供了巨大的机遇，人们对于农产品的消费日趋扩大，而中西部农村品又比较丰富，对于电商创业者是非常好的创业机遇，依托电商发达地区的优势，开发电商欠发达地区创业机遇。

党的二十大报告提出：促进区域协调发展。深入实施区域协调发展战略、区域重大战略、主体功能区战略、新型城镇化战略，优化重大生产力布局，构建优势互补、高质量发展的区域经济布局和国土空间体系。推动西部大开发形成新格局，推动东北全面振兴取得新突破，促进中部地区加快崛起，鼓励东部地区加快推进现代化。支持革命老区、民族地区加快发展，加强边疆地区建设，推进兴边富民、稳边固边。推进京津冀协同发展、长江经济带发展、长三角一体化发展，推动黄河流域生态保护和高质量发展。推进以人为核心的新型城镇化，加快农业转移人口市民化。以城市群、都市圈为依托构建大中小城市协调发展格局，推进以县城为重要载体的城镇化建设。

电商创业者应弘扬二十大精神，紧随国家发展政策，抓住机遇，创造财富，回馈社会。

weight	权重	drainage	引流
category	类目	seller	卖家
ranking	排名	title	标题
dynamic score	动态评分	marketing activities	营销活动
associated sales	关联销售	search engine optimization	搜索引擎优化

1. 选择题

（1）SEO 的定义是（　　）。

A.直通车优化　　B.钻石展位优化　　C.搜索引擎优化　　D.标题优化

（2）属于免费引流的渠道是（　　）。

A.直通车　　　　　B.天猫　　　　　　C.天天特价　　　　D.钻石展位

（3）不同于 SEO 优化因素的是（　　）。

A.类目模型　　　B.文本模型　　　　C.卖家模型　　　　D.物流模型

（4）制作标题描述不正确的是（　　）。

A.避开极限词　　B.精准相关性　　　C.最大限度引流　　D.随意组合

（5）描述分析上下架时间不正确的是（　　）。

A.选择同行上架高峰期　　　B.选择每周流量高峰期　　　C.选择每日流量高峰期

2.填空题

（1）搜索引擎中关键词排名依据____计算名次。

（2）淘宝系统中千人千面是____算法。

（3）店铺层级是依据____计算名次。

（4）关联销售可以直接提高____、____数据。

（5）电子商务本质属于____行为。

3. 简答题

（1）描述搜索引擎优化模型。

（2）描述所有影响搜索引擎权重的元素。

项目六 付费推广与优化

通过学习付费引流的基础相关知识，了解 CPC、CPM 概念、原理等知识点。在任务实现过程中：

- 掌握 CPC 操作与优化方法；
- 掌握 CPM 操作与优化方法；
- 了解 CPM 引力魔方推广原理；
- 掌握 CPC 直通车推广操作方法。

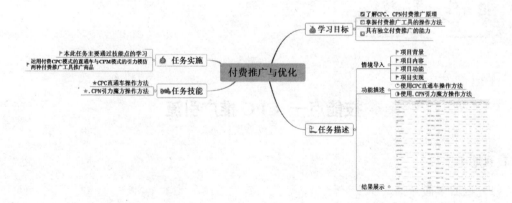

【情境导入】

直通车与引力魔方是淘系平台内两种主要付费推广工具，通过学习这两种推广工具，了解付费推广的原理与操作方法，达到降低运营成本、快速引流的目的。

付费推广也会增加宝贝在搜索引擎中的权重，电商平台付费推广工具主要通过竞价模式展示在顾客面前，比 SEO 优化更简单、直接高效，是运营人员的必须课程。但是淘宝大部分卖家在付费推广方面花费太多，甚至超过自身的承受能力，半数以上利润都投入到付费推广，稍有不慎便会减少利润甚至亏损。投入巨大的精力和金钱却可能没有回报，如果投入与回报的比例不能有一个良好的循环，比尔·盖茨也做不起来。所以必须要更深入地了解研究各种付费方式与内在原理，最大化地降低我们的运营成本，建立一个良好的回报与投入的循环。

【任务描述】

- 了解 CPC 直通车推广原理；
- 了解 CPM 引力魔方推广原理；
- 掌握 CPC 直通车推广操作方法；
- 掌握 CPM 引力魔方操作方法。

技能点一 CPC 推广引流

1. 直通车原理

（1）直通车简介

CPC 是"Cost Per Click"的英文缩写，即按点击次数付费的广告模式，是互联网最广泛应用的广告推广模式。淘宝平台直通车就是这种广告推广工具，如图 6.1.1 所示。

卖家设置与推广商品相关的关键词和出价（出价最高即可排名第一页第一位），搜索引擎中买家搜索相应关键词时，推广商品获得展现和流量，实现精准营销，卖家按所获流量（点击数）付费，卖家加入淘宝或天猫直通车，即默认开通搜索营销。直通车虽然是竞价排名，但是顾客通过点击直通车产生的浏览、购买等行为产生的权重会增加搜索引擎 SEO 的权重。

图 6.1.1 直通车展示位

直通车按点击付费，展现不需要付费，每个计划每件商品可以设置 200 个关键字，卖家可以针对每个竞价词自由定价，如图 6.1.2 所示。

图 6.1.2 直通车展现原理

直通车操作流程如图 6.1.3 所示。

图 6.1.3 直通车操作流程

直通车是为淘宝卖家量身定制的、按点击付费的效果营销工具，可以实现宝贝的精准推广。淘宝直通车推广，在给宝贝带来曝光量的同时，精准的搜索匹配也给宝贝带来了精准的潜在买家。淘宝直通车推广，用一个点击即可让买家进入你的店铺，产生一次甚至多次的店铺内跳转流量，这种以点带面的关联效应可以降低整体推广的成本和提高整店的关联营销效果。

直通车依托淘宝搜索引擎强大的客户群体，每天有几亿活跃用户，如图 6.1.4 所示。

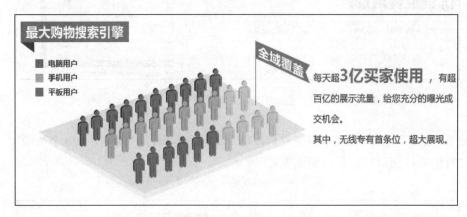

图 6.1.4 直通车优势

精准化投放，可根据人群、时间、地区等不同维度进行个性化自由投放，如图 6.1.5 所示。

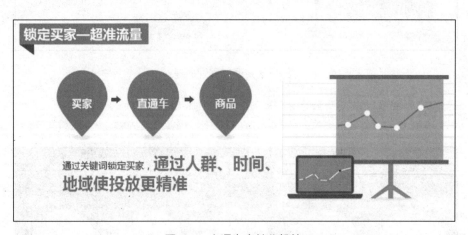

图 6.1.5 直通车个性化投放

（2）展示位置

显著位置展示创意图、创意标题、价格、销量，展示位置 PC 端左下角打上掌柜热卖标志，如图 6.1.6 所示。

① 展示位置直通车电脑端。

关键词搜索引擎搜索结果页如图 6.1.7 所示，右侧掌柜热卖 12 个，排名从上向下依次是第二名、第三名、第四名，以此类推，排名越高点击单价需要出价越高。类目不同平均点击单价不同，客单价越高需要的出价就越高，没有上限，几十、几百、几千元都有可能。

图 6.1.6 搜索结果页面展示 1

图 6.1.7 搜索结果页面展示 2

搜索关键词后搜索结果页第一排第一个是直通车第一名,左下角有掌柜热卖标志,如图 6.1.8 所示。

关键词搜索结果页底部掌柜热卖 5 个。

② 无线手机端展示位置。

5.5 亿淘宝手机用户,2.36 亿月度手机活跃用户,每天超过 2000 万个潜在买家用手机搜索，如图 6.1.9 所示。

图 6.1.8　搜索结果页面展示 3

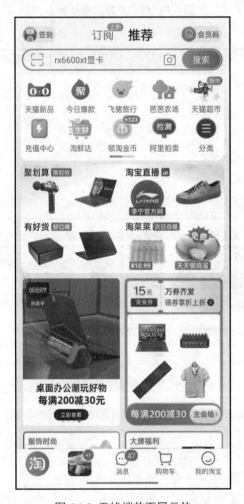

图 6.1.9　无线端首页展示位

展示位置明显，在搜索引擎搜索结果首屏展示位，展现样式醒目。无线端直通车产品左上角有热卖标志，如图 6.1.10 所示。

图 6.1.10 无线端搜索结果页面展示

2. 关键词搜索页面的排名原理

淘宝直通车排名规则是根据关键词的质量分和关键词出价综合衡量出的商品排名。

质量分是系统估算的一种相对值，主要用于衡量关键词与宝贝推广信息和淘宝网用户搜索意向之间的相关性。

质量分的计算依据涉及多种维度，包括：基础分、创意效果、相关性、买家体验。

无线和 PC 质量分：无线和 PC 质量分独立存在，但会互相影响。

（1）质量分

直通车会持续实时优化质量分公式，但是其核心组成部分会保持稳定。

移动、计算机设备质量分展示具体如图 6.1.11 所示。

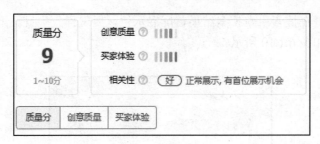

图 6.1.11 质量分

（2）创意质量

推广创意近期动态反馈。

创意效果指的是关键词所在宝贝的推广创意效果，包括推广创意的关键词点击反馈、图片质量等。需要通过双创意方法不断测试优化推广创意，努力提升创意的点击率。

（3）相关性

关键词与宝贝类目、属性及宝贝本身信息的相符程度。

① 关键词与宝贝本身信息的相关性，包括宝贝标题、推广创意标题。

所购买的关键词与宝贝的相符程度如何体现呢？目前主要体现在宝贝标题信息和直通车推广内容信息上。如果关键词是在宝贝标题中用到的，特别是直通车的推广标题中出现过，那么该关键词与宝贝的相关度就会提高。

② 关键词与宝贝类目的相关性。

指的是宝贝发布的类目和关键词的优先类目的一致性，注意不要错放类目。

③ 关键词与宝贝属性的相关性。

指的是发布宝贝时选择的属性与关键词的一致性，尽可能填写符合自己宝贝特征的属性。

（4）买家体验

买家体验是根据买家在店铺的购买体验和账户近期的关键词推广效果给出的动态得分。

买家体验包含直通车转化率、收藏或加入购物车、关联营销、详情页加载速度、好评或差评率、旺旺反应速度等影响购买体验的因素。

若关键词对应的各项分值越大，代表推广效果越好，但不同行业的关键词的质量得分也是与实际行业类目相关的。应以实际情况为准，参考优化中心的建议进行优化，不断提高各项指标值。

如果各项相关性的反馈值发生变化或降低，都会导致到整体的质量得分发生变更或下降。所以需要抽出一定的时间，对推广标题、宝贝描述等各方面进行优化。

（5）扣费公式

按点击计费：买家搜索一个关键词，设置了该关键词的宝贝就会在淘宝直通车的展示位上相应出现。当买家点击所推广的宝贝时，卖家才须付费，淘宝直通车才会进行相应扣费。根据您对该关键词设置的价格，淘宝直通车的扣费均小于或等于关键词出价。

扣费公式：单次点击扣费=（下一名出价×下一名质量分）/本人质量分+0.01 元

因此，质量得分越高，所需付出的费用就越低。扣费最高为所设置的关键词出价，当公式计算得出的金额大于出价时，将按卖家实际出价扣费。

（6）直通车具体操作流程

以零食类目的提拉米苏为实例进行操作讲解。

① 新建计划。

新建的计划是标准计划，如图 6.1.12 所示。一般来说最多有 4 个标准计划，如不够可以申请 8 个标准计划。标准计划一旦建立便不能删除，只能修改名称。

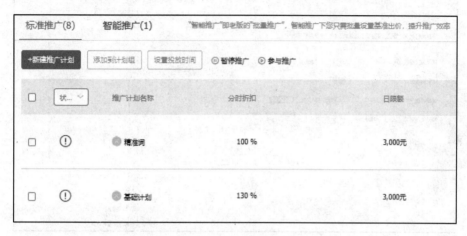

图 6.1.12 直通车标准计划

② 开通无线直通车推广。

以提拉米苏为实例操作。建立好计划后，在设置投放平台打开移动设备的投放按钮，并设置移动端溢价扣，这里设置 100%。投放分为移动设备的淘宝站内和淘宝站外，站外投放效果不理想，就关闭不投放。移动折扣是实时与 PC 端出价比例，如图 6.1.13 和图 6.1.14 所示。

图 6.1.13 关键词数据分析

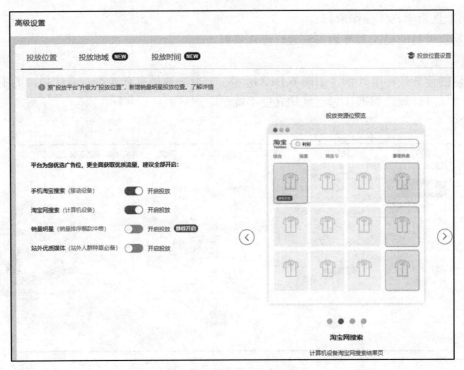

图 6.1.14 计划平台投放设置

③ 设置日限额。

通过流量解析工具查询可得，提拉米苏平均点击单价为 0.5 元，平均转化率 0.75%，通过计算 0.5/0.0075=66，直通车平均成交花费 66 元。直通车日限额设置为 3000 元，一天普通概率计算成交单数为 3000/66≈45 单，一个月直通车销量为 45×30=1350 单，加上自然销量 700 单左右，月销量会突破 2000 单，投放的宝贝会在搜索引擎有一个不错的权重与排名，如图 6.1.15 所示。

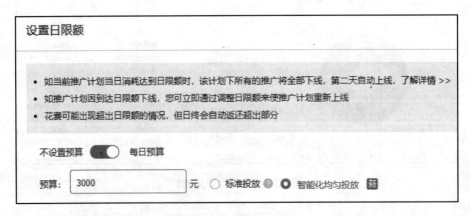

图 6.1.15 每日预算额设置

④ 设置投放时间。

新品宝贝选择全日制模板，推广 2 个星期后改为所属行业模板。投放时间主要以人们日常工作生活作息时间为依据，也可以自定义。框选图中的小格子可以修改时间溢价，共 2 个维度：星期和小时，如图 6.1.16 所示。

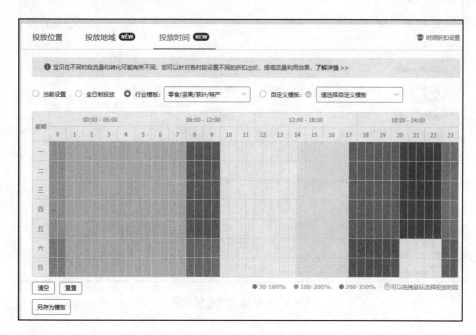

图 6.1.16 投放时间设置

⑤ 设置投放地域。

选择投放的具体地域省市，正常情况下我们剔除偏远地区省市，其他省市都选择投放，但是具体应该以流量解析分析所得数据为主，具体情况具体设置。如图 6.1.17 所示。

⑥ 新建宝贝。

一个计划下，新建宝贝的数量不受限制，可以添加所有宝贝，通过测试的方式来决定后期重点投放哪些宝贝。如图 6.1.18 所示。

⑦ 编辑创意。

创意分为创意图片和创意标题，如图 6.1.19 所示。创意图片可以在主图中选一张，也可以全新设计。直通车创意优势在于可以在不编辑宝贝详情页的情况下自由变换创意图，不会影响宝贝的上下架时间和权重，不受主图美观性的要求限制，天马行空地设计，而且可以添加四张不同的创意图，大大增加宝贝的曝光率。创意标题尽量是促销、推荐等一些引人注目的文字，可以添加四个创意标题，每个创意标题 40 个字符，所以理论上可以比宝贝标题多添加更多引流。

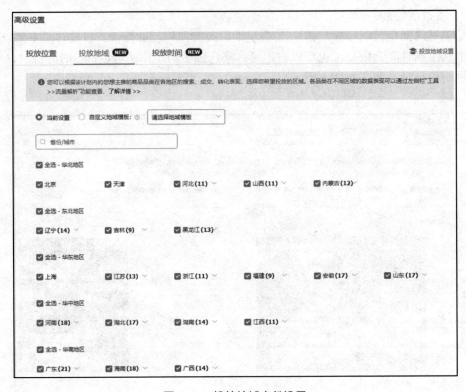

图 6.1.17 投放地域省份设置

图 6.1.18 新建宝贝推广计划

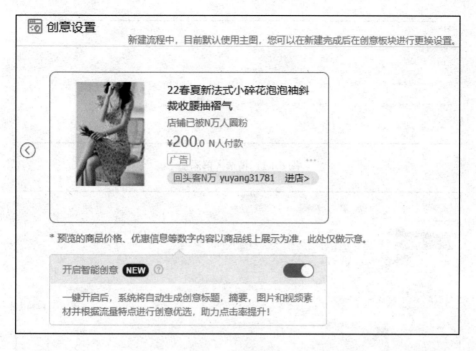

图 6.1.19　创意设置

⑧ 添加关键词。

关键词最多可添加 200 个关键词，添加的关键词以重要的类目词、属性词和精准长尾词为主，转化率越高越好，因为付费推广的最终目的是尽可能地提高 ROI（Return On Investment，投出产出比），而转化率就是提高 ROI 的最重要的指标。如图 6.1.20 所示。

选择人群如图 6.1.21 和图 6.1.22 所示，完成推广。

进入宝贝计划页面，可以重新添加／删减关键词。

优质关键词精选				
关键词 (10/200)/预估展现量 ⑦	推荐理由	相关性	匹配方案	出价
日韩 预估展现：80-90	捡漏	好	广泛　精准	🖥 0.40元 📱 0.45元
美女 预估展现：60-70	·	好	广泛　精准	🖥 0.19元 📱 0.55元
女神 预估展现：20-30	捡漏	好	广泛　精准	🖥 0.22元 📱 0.40元

图 6.1.20　关键词快捷添加

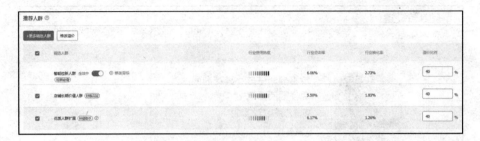

图 6.1.21 精选人群添加

	关键词 (10)	精选人群	创意	权益 NEW						

+添加关键词 NEW　修改出价　修改匹配方式　添加标签　修改抢位设置　抢位停止　添加关注　🗑删除 ⧉复制

今日 ∨		全部流量来源 ∨							

□ 全部∨ 全∨	关键词↑↓	质量分		今天20:00-21:00平均排名		出价	
		计算机▽↑↓	移动↑↓	计算机	移动	计算机▽↑↓	移动↑↓
推广中 ⬤	流量智选词包 ⑦ 补显必备	-	-	-	-	0.80元	1元
推广中 ⬤	捡漏词包 ⑦ 高性价比	-	-	-	-	0.80元	1元
推广中 ⬤	类目优选词包 ⑦ 类目好词	-	-	-	-	0.80元	1元
□ 推广中 ▥▥▥	日韩	9分	9分	无展现	无展现	0.40元	0.45元
□ 推广中 ▥▥▥	美女	9分	9分	无展现	无展现	0.19元	0.55元
□ 推广中 ▥▥▥	女神	10分	10分	无展现	无展现	0.22元	0.40元
□ 推广中 ▥▥▥	漂亮	6分	6分	无展现	无展现	0.24元	0.33元

图 6.1.22 计划内关键词添加

选择关键词首先要确定自己产品在端口展现占比，需要运用流量解析工具分析。通过分析关键词"连衣裙"所得如图 6.1.23 和图 6.1.24 所示，计算机设备端占比 14%、移动设备端占比 86%，所以我们在日常计划优化中以移动端为主。

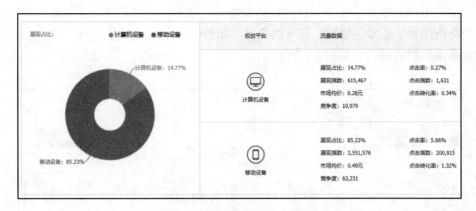

图 6.1.23 流量解析关键词分析

图 6.1.24 关键词推荐与搜索添加

⑨ 选择关键词原则。

a. 高相关性。相关性就是所选关键词与推广宝贝的相关性精准度，相关性满分为 5 分。前期所选关键词一定要满分相关，因为直通车关键词的排名与相关性和质量分息息相关，质量分不满则排名起点就低，平均点击单价会提高，浪费推广费。

b. 高展现指数。所选关键词展现指数下限为 1000。展现指数与关键词的流量呈正相关，展现指数越高，流量越多。展现指数太低的关键词，分散在成千上万的卖家，平均计算下来数据量太低，没有统计意义。

c. 高点击率、转化率。点击率和转化率是直通车的重中之重，另外，收藏率和加购率也是直通车中主要关注的核心数据。点击率、转化率越高，质量分越高，平均点击单价越低，所以选词以高点击率、高转化率为主。

关键词可以添加很多，先添加数据好的关键词，暂不用考虑质量分的关系，后期还可以根据运营分析添加 / 删减关键词。第一次最少添加 50 个左右关键词，如果添加得太少则可能会漏掉很多重要的关键词，如图 6.1.25 所示。

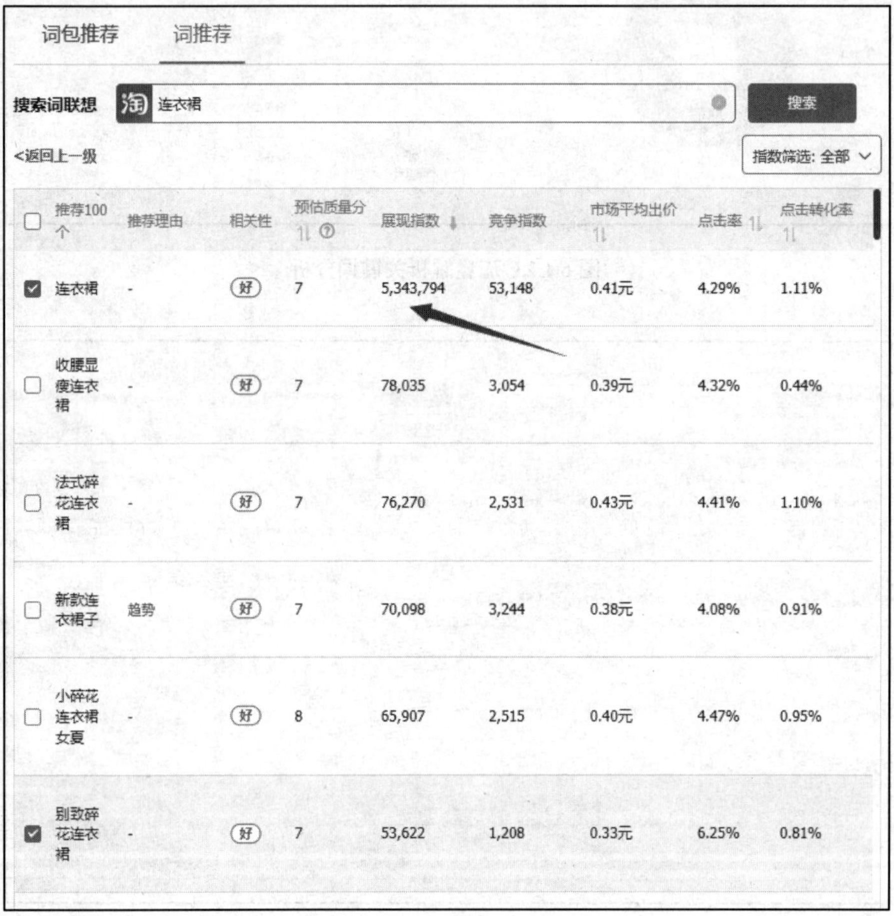

推荐100个	推荐理由	相关性	预估质量分	展现指数	竞争指数	市场平均出价	点击率	点击转化率
连衣裙	-	好	7	5,343,794	53,148	0.41元	4.29%	1.11%
收腰显瘦连衣裙	-	好	7	78,035	3,054	0.39元	4.32%	0.44%
法式碎花连衣裙	-	好	7	76,270	2,531	0.43元	4.41%	1.10%
新款连衣裙子	趋势	好	7	70,098	3,244	0.38元	4.08%	0.91%
小碎花连衣裙女夏	-	好	8	65,907	2,515	0.40元	4.47%	0.95%
别致碎花连衣裙	-	好	7	53,622	1,208	0.33元	6.25%	0.81%

图 6.1.25 关键词数据预览

添加完关键词后，关键词页面如图 6.1.26 所示。可以根据关键词各种数据进行升序降序排名，点击数据后面的箭头改变排序，主要以关键词质量分进行降序排名。

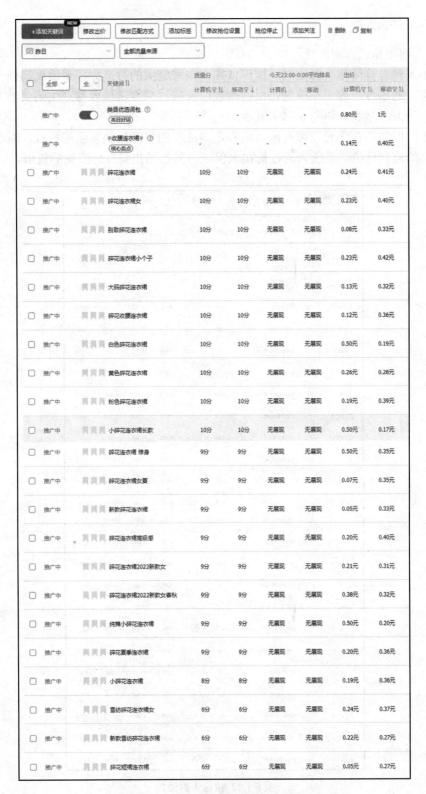

图 6.1.26 关键词添加完成数据总览

3. 直通车精选人群

（1）直通车精选人群简介

直通车人精选群简称人群定向，推广依靠淘宝网庞大的数据库，多维度构建买家潜在购物偏好模型。通过各维度买家模型，根据场景以及位置来推送最容易产生购买的商品，称此类买家模型为人群标签。如图 6.1.27 所示。

人群定向投放不存在通投可能，而所有定向推广的资源位必须全部投放，对于流量价值位置上不同的流量价值，系统会通过折扣来保证当前市场扣费符合流量的价值。

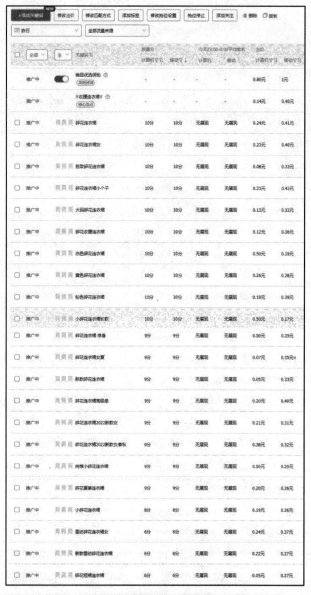

图 6.1.27　精选人群添加

① 展现原理。

定向推广会根据买家浏览购买习惯和对应位置推送最适合内容，由系统根据推广设置匹配出相关度较高的宝贝，并结合出价以及宝贝推广带来的买家反馈信息进行展现。

出价高买家反馈信息好，定向推广展现概率大。同时，系统会根据宝贝所在类目及宝贝标题（非推广标题）去匹配宝贝，宝贝标题越详细，被匹配的概率越大。

② 展现位置。

展现位置有直通车购前、购中、购后各种位置的"猜你喜欢"，如图 6.1.28、图 6.1.29 和图 6.1.30 所示。

图 6.1.28 首页猜你喜欢

图 6.1.29 购物车猜你喜欢

图 6.1.30 订单列表猜你喜欢

③ 扣费规则。

按点击计费，开通直通车后，定向推广按点击扣费，根据宝贝设置的关键词出价基础上溢价计算出人群出价，单次扣费不会大于出价。

④ 人群定向溢价。

溢价的含义为在关键词底价的基础上提升的比例。例如，人群 A 为我的店铺访客，碎花连衣裙关键词出价 1.0 元，人群 A 溢价 10%，则人群 A 出价=1×（1＋10%）=1.1 元。又如，碎花连衣裙出价 1.1 元，人群 B 溢价 10%后，精选人群 B 出价=1.0×（1＋10%）=1.21 元。

人群溢价高低，主要以转化率为指标。看过商品与店铺的访客就是直接关系，看过同类店铺与商品的访客就是间接关系，直接关系的转化率比间接关系转化率高，那么溢价就越高。

店铺的访客，浏览、收藏、加购、成交等不同维度人群溢价以成交意向为主要考核点，加购访客转化率肯定比浏览的购买的转化率高，那么溢价就越高。

每个人群溢价还要看推广者的资金承受能力和推广目的，某个定向人群转化率高，投入产比高，溢价就高；转化低，投入产出比低，溢价就低。

例如，浏览人群溢价 10%<收藏人群 30%<加购人群 50%<成交人群 100%，溢价没定值，要学会灵活定价。如图 6.1.31 和图 6.1.32 所示。

（2）系统推荐人群

系统推荐人群是系统通过大数据计算，为卖家推荐的最适合推广宝贝的行业的精准人群，主要分以下两个方面。

① 进入店内与店铺和商品产生直接关系的访客（通过不同的购物行为和购物意向分为不同的维度供选择）。

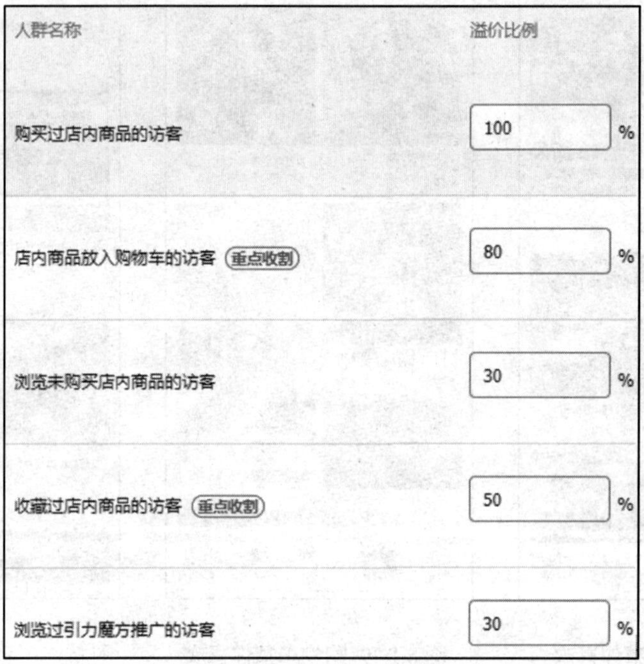

图 6.1.31　行业人群效果榜单添加与溢价

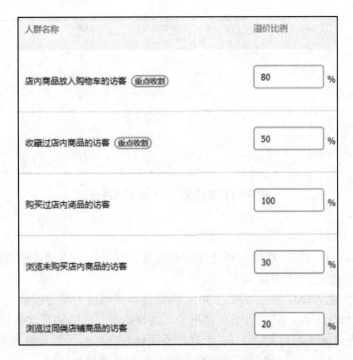

图 6.1.32 行业人群热度榜单添加与溢价

② 进入同行业店内与同行店铺和商品产生间接关系的访客（通过不同的购物行为和购物意向分为不同的维度供选择）。

两者的区别在于直接关系的访客购物意向比较明确，比较喜欢所售商品，而间接关系的访客只能说明访客喜欢同类店铺的商品，也可能喜欢所售商品。

（3）自定义人群

可以自由地使用人群行为偏好特征进行组合，人群定向更为精准。

① 宝贝定向人群。

宝贝定向人群：系统结合该款宝贝的相关特征和属性，智能挖掘出对宝贝感兴趣的一类人群标签。简单说就是店铺商品宝贝与访客标签的关系。

喜欢相似宝贝的访客：系统通过对该款宝贝产品属性的详细分析，找到喜欢同类型商品的消费人群，这部分消费者可能是该款宝贝的高意愿买家。该定向可以最大化给宝贝引流，但是喜欢相似宝贝只是说访客可能也会喜欢你的宝贝。所以该定向转化率在某种程度上不理想，只适合需要大量引流而不看中转化的宝贝。

喜欢店铺新品的访客：系统智能挖掘对店铺内上架新品感兴趣的人群，这些人群对新品宝贝更容易产生加购、收藏等行为，该定向只适合新品上架的宝贝。如图 6.1.33 所示。

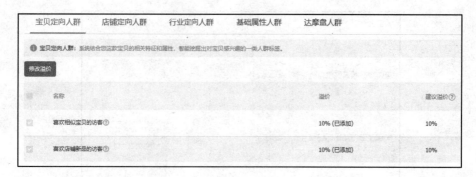

图 6.1.33　宝贝定向人群添加与溢价

② 店铺定向人群。

店铺定向人群：系统结合店铺的特征而智能挖掘，以及与该店铺或同类店铺产生过浏览/收藏/加购/购买行为的一类人群标签。

a．浏览过引力魔方推广的访客：近 30 天浏览过本店铺引力魔方投放广告位置的访客。

b．店铺长期价值人群：根据店铺高客单价、高复购率、高购物频次的核心人群特征，在行业内挖掘出的在未来一段时间（3～6 个月，不同行业会有所区别）能为店铺贡献高 GMV（Gross Merchandise Volume，商品交易总额）的长期价值消费者。

c．智能拉新人群：系统根据店铺消费者特征及所属类目的用户行为数据，智能挖掘潜在对本店铺有兴趣的访客，帮助拓展店铺潜力用户，可以直接启用或修改溢价后启用。拉新人群是系统通过大数据个性化推荐的符合我们商品特征标签的访客，流量超多，但是转化率很低，只是大数据认为可能喜欢该店铺的访客，只是可能。该定向适合需要大量引流不考虑转化的宝贝。

d．浏览过猜你喜欢的访客：看过本商品猜你喜欢广告的访客，看过就意味着与我们产生直接关系。

e．浏览未购买店内商品的访客：所有与我们商品产生直接关系的访客，与喜欢同类型商品与店铺间接关系的相比，转化率更高，但是与收藏、加购、成交的访客相比转化率低，成交意向不明确。如图 6.1.34 所示。

图 6.1.34 店铺定向人群添加与溢价

③ 行业定向人群。

行业定向人群：依据类目属性、特征、风格、元素定向人群标签以及与该类目产生关系的人群。

行业偏好人群：类目属性特征风格，选择与自己商品属性相符合的标签维度，符合度越高转化率越高。

图 6.1.35 所示所推广的宝贝是一款碎花短袖 v 领收腰修身连衣裙长款，选择属性与之符合或者相近的维度，如图 6.1.36 所示。

④ 行业优质人群。

所谓优质人群，是相对更优质的人群，浏览、收藏、购买过店铺商品的一些客户，这些客户就是我们的核心客户。这些客户对于宝贝来讲是精准人群，虽然没有与我们产生关系，但是访客兴趣点高度相符合，购买意向高。但是转化率没有该店铺的访客高，所以溢价中等，溢价不能太高，如图 6.1.37 所示。

图 6.1.35 推广商品连衣裙

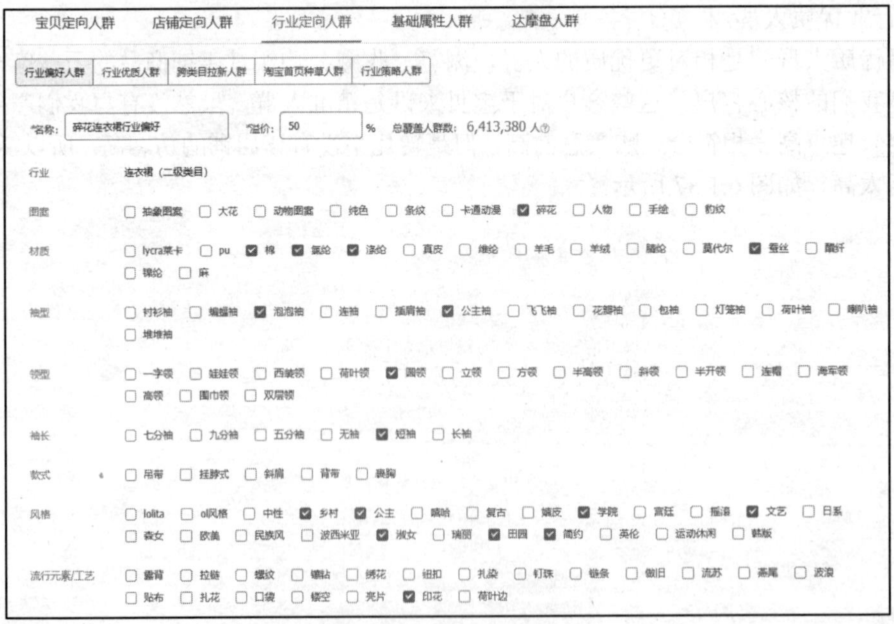

图 6.1.36 行业定向人群添加

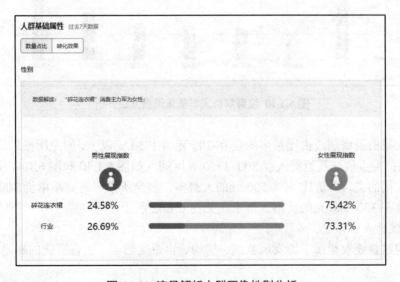

图 6.1.37 行业优质人群添加与溢价

⑤ 基础属性人群。

在人群的基础属性上分析最适合我们商品的人群特征。需要先用流量解析工具中人群画像对该商品的关键词"碎花连衣裙"进行人群画像分析，如图 6.1.38 所示。

图 6.1.38 流量解析人群画像性别分析

碎花连衣裙人群以女性为主，占比 75%。

各个年龄段都有，但是该碎花连衣裙风格以年轻为主，所以把重点放在 18 岁到 39 岁的年龄段之上，如图 6.1.39 所示。

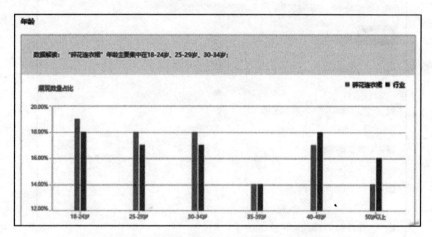

图 6.1.39　流量解析人群画像年龄段分析

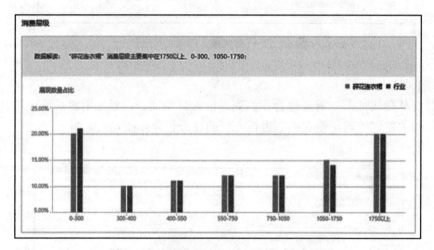

图 6.1.40　流量解析人群画像消费层级分析

碎花连衣裙的消费层级占比最多的是 0~300 元与 1750 元以上，但是所推广的商品单价为 300 元，所以把重点放在高消费人群 300~1750 元区间。如图 6.1.40 和图 6.1.41 所示。

碎花连衣裙的类目单价比 300~500 元的人群多，但是所推广的商品单价 300 元比较高，所以把重点放在 300~500 元的价格人群上，如图 6.1.42 所示。

a. 人口属性人群设置。

所推广的这款连衣裙属于淑女风款式、简约、自带文艺范，也有甜美的味道，适合 18 岁到 39 岁年龄段。

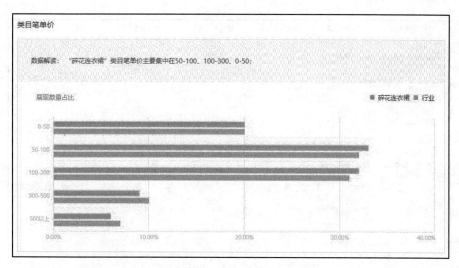

图 6.1.41 流量解析人群画像类目笔单价分析

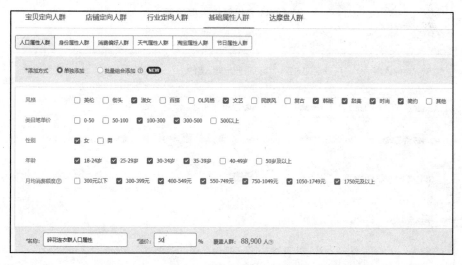

图 6.1.42 人口属性人群设置

通过人群画像分析可知，年龄段在 18~39 岁，大众款，任何城市人群都适合，如果单价太高的商品（1000 元以上的）那只能适合收入高的一二线城市，反之亦然。职业方面是以商品的应用场景为分析维度，如公务员、医护人员、教师就不适合太暴露的款式，如图 6.1.43 所示。

b．消费偏好人群。

以主要购买力为导向，以商品客单价为指标，客单价较高的商品适合购买力高的人群，客单价较低的商品适合购买力低的人群。该连衣裙售价 300 元属于中等客单价，所以适合购买力高的人群，如图 6.1.44 所示。

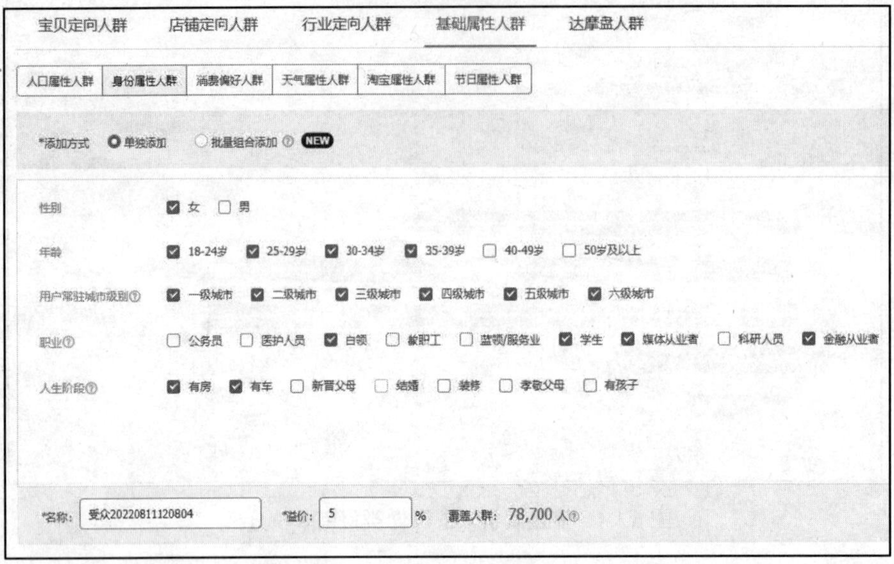

图 6.1.43 身份属性人群设置

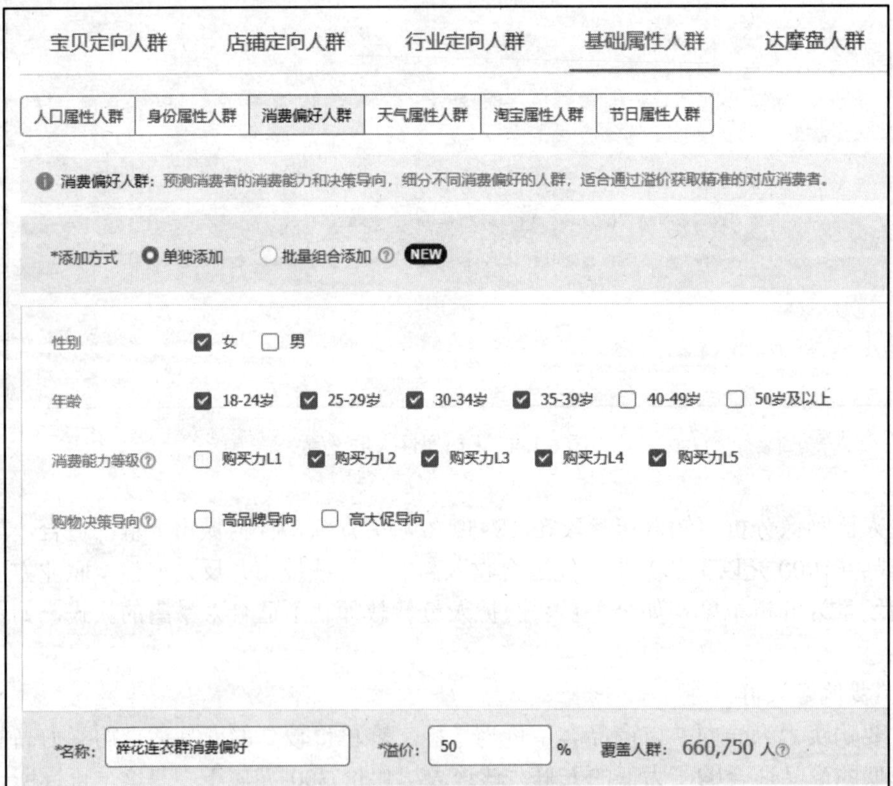

图 6.1.44 消费偏好人群设置

c. 天气属性人群。

天气属性人群比较有意思，可以针对产品受众人群所在地区来进行灵活人群抓取，实现让我们的推广投放到更精准的天气人群地区。天气属性人群主要影响行业属性，比如下雨多的地区，雨衣、雨伞比较热销，下雪多的地区，羽绒服、棉衣更畅销，生鲜食品保质期短，气候炎热的地区不易储存，所以可以选择天气比较冷的人群。而连衣裙属夏装，所以选择气候炎热的地区、降雨比较多的地区人群，如图 6.1.45 所示。

图 6.1.45 天气属性人群设置

d. 淘宝属性人群。

淘宝属性人群是系统为商家推荐的淘宝资深客户，比如消费能力高、购买频率高、喜欢打折等特征的人群。资深淘宝访客购物意向更强烈，高消费金额，消费能力高，高购买频次的访客比较喜欢冲动消费。喜欢打折商品的访客就是那种看中价格便宜性价比高的商品，显然我们的商品价格比较贵就不适合，如图 6.1.46 所示。

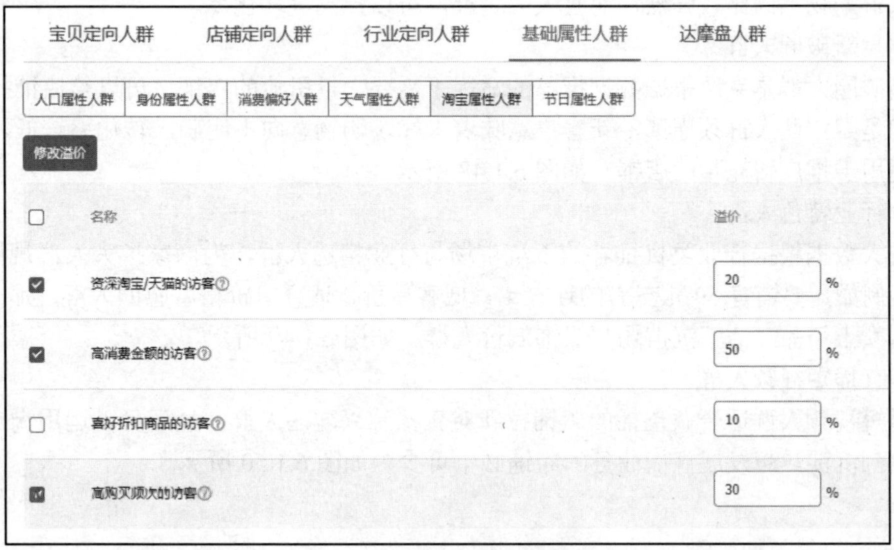

图 6.1.46 淘宝属性人群设置

　　e. 达摩盘人群。

达摩盘人群是系统通过大数据计算更为精细的消费场景人群，场景很多适合精细化运营，如图 6.1.47 所示。

人群信息	推荐热度	设置溢价
☐ ① 高端用户 88VIP相关高端消费者群体	▌▌▌▌▌▌▌▌▌▌	125 %
☐ ② 爱美风豪 活力无限的大城市小姐姐	▌▌▌▌▌▌▌▌▌▌	5 %
☐ ③ 算法推荐 女装_女士精品相似行业近期收藏加购高频次人群	▌▌▌▌▌▌▌▌▌▌	40 %
☐ 4 人间爱美 买遍全类目的精致妈妈们	▌▌▌▌▌▌▌▌▌▌	5 %

图 6.1.47 达摩盘大促专享人群设置

　　f. 大促专享人群

大促专享人群是系统根据数据推荐的适用于各种大促活动的精准人群。

可以根据自己店铺的类目与参加的大促活动进行人群圈定。例如，如果是做女装类目的店铺，就可以圈定"女装女士精品相似行业近期收藏加购高频次人群"，收藏加购高频次就说明此人群购物意向比较强烈，而且人群精准，可以提高提转化率。

● 拉新破圈人群。

拉新破圈人群是系统根据数据推荐的适用于需要大量引流的店铺，可以给店铺扩大客户群体。但是圈定此人群须谨慎，新客户意味着未知，购物意向不明确，转化率较低，花费较高，只适用于推广费充足的店铺。如图 6.1.48 所示。

● 行业特色人群。

系统大数据根据行业类目推荐的下沉市场与行业精选人群，为商家扩大人群规模提供数据维度。例如，要销售 50 元左右的连衣裙，低客单价，适合对价格敏感的人群，那么就可以选择女装女士精品高活下沉市场与服饰低价人群。如图 6.1.49 所示。

● 直播短视频人群。

直播短视频人群适合做直播的店铺拉新对直播感兴趣的人群，然后可以运用淘宝直播进行粉丝收割沉淀，想发展直播业务的店铺必不可少。如图 6.1.50 所示。

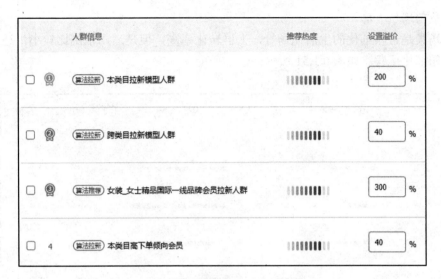

图 6.1.48 达摩盘拉新破圈人群设置

图 6.1.49 达摩盘行业特色人群设置

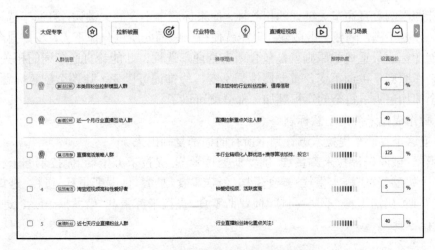

图 6.1.50 达摩盘直播短视频人群设置

● 热门场景人群。

热门场景是最精细化的生活化场景，人群转化率高，但是适用范围比较小，适合某些特定类目的精细化运营。如图 6.1.51 所示。

图 6.1.51　达摩盘热门场景人群设置

4. 添加创意

直通车一个宝贝计划可以添加四个创意，每个创意包含创意标题和创意主图，直通车创意可以随时修改。建议先简单地建立计划，后面再慢慢优化，如图 6.1.52 所示。

（1）创意标题原理

创意标题影响着直通车关键词的相关性，原来标题中不含的关键词，直通车选词的时候，这些词相关性就不满，随便更改删除，可能就使得一些词的质量分掉下去，权重排名会下降，所以制作创意标题最重要的原则就是包含所有直通车选词，才能让直通车词的相关性变满。创意标题制作原则：主词不变，重要属性词不变，修饰词可以变，让四个创意标题尽量把直通车选词全部加进去，每个创意标题加一部分就可以了。

（2）制作提拉米苏的创意标题

① 先把这个直通车提拉米苏计划下所有的词都复制出来。

夹心蛋糕　俄罗斯提拉米苏蛋糕　俄罗斯提拉米苏　提拉米苏蛋糕　提拉米苏千层蛋糕　提拉米苏　芝士奶酪蛋糕　蜂蜜蛋糕　零食蛋糕　蛋糕零食　早餐　俄罗斯蛋糕　蛋糕　进口零食　千层蛋糕　俄罗斯　奶油蛋糕　千层　蛋糕　俄罗斯零食　提拉米苏蛋糕　俄罗斯　正宗　进口提拉米苏　奶油蛋糕零食

图 6.1.52 计划内添加创意

② 然后把重复的词去掉组成一句通顺的标题。

正宗进口俄罗斯提拉米苏蛋糕千层奶油芝士奶酪蜂蜜夹心蛋糕零食早餐

③ 分拆成 4 个创意标题,每个标题 20 个汉字或者 40 个字符,主词和主属性词不变。

正宗进口俄罗斯提拉米苏 千层蜂蜜夹心蛋糕

俄罗斯提拉米苏 蛋糕千层奶油蛋糕零食早餐

俄罗斯提拉米苏 蛋糕千层奶油芝士奶酪蛋糕

正宗进口提拉米苏蛋糕千层奶油蜂蜜夹心蛋糕

(3)创意主图

每个计划 4 个创意,所以就可以有 4 张不同的创意主图。4 张创意图一定不要雷同,尽量做 4 种不同的风格,不同的创意,不同的卖点,抓住顾客的心理和眼球,最大化地提高点击率,如图 6.1.53 所示。

创意主图要不断优化,测试一段时间,做几张创意图,不断地测试优化,只留下点击率最高的创意图。测试的时间要把流量分配选择优选,轮播投放,这样才能知道 4 个创意中哪个创意图点击率最高。后期高点击率创意图多了,就可以选择优选,让每个创意标题最大化引流。如图 6.1.54 所示。

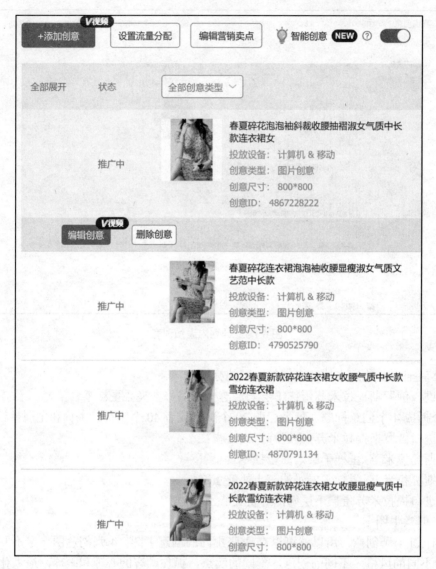

图 6.1.53 创意编辑

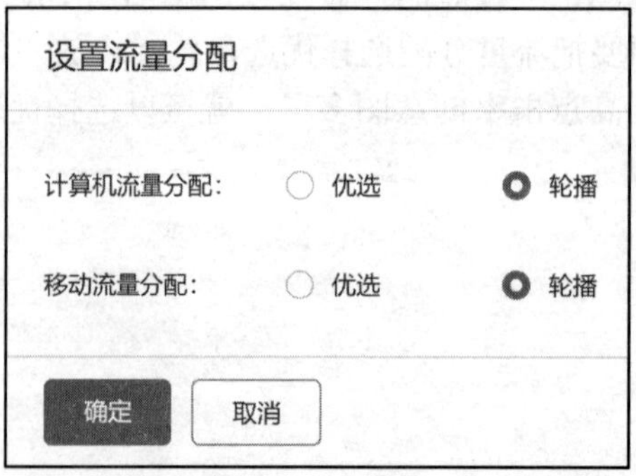

图 6.1.54 创意流量分配

5. 直通车优化

（1）提升直通车质量分的核心点

① 直通车权重：直通车权重=账户权重＋计划权重＋关键词权重。

三者之间的关系是：账户权重>计划权重>关键词权重。

质量分的初始得分=历史得分+相关性。

历史得分是指宝贝的历史点击率。

相关性是指宝贝标题相关、创意标题相关、宝贝文本属性相关。

质量分=（点击率－行业平均点击率）×历史权重×展现值（1/词的竞争度）。

历史权重：过去 15 天的综合权重。

展现值：展现量/词的总展现量。

② 直通车的核心数据。

质量分与投放时间、投放金额无关，仅和阶段时间内数据有关，质量分的前提条件是满足一定的展现量，其次才是点击率，最后是收藏加购和转化数据量值维度综合考虑市场平均值，账户数据权重（账户数据和计划数据主要影响基础分）。影响直通车的三大因素也对直通车质量分的影响起到了至关重要的作用。

直通车关键词排名：直通车关键词排名=关键词出价×质量分。

通过公式可知，直通车中关键词排名与关键词出价和质量分都相关，而关键词出价也影响质量分公式中的展现值。所以需要综合平衡两者关系，达到一个平衡点，出价要适中，在可承受的范围内，提高转化率，降低扣费，最大程度地提高 ROI。

（2）影响质量分的因素

直通车质量分从 3 个方面着手研究：创意质量、相关性、买家体验。直通车质量分每两个小时刷新一次。

① 创意质量。

直通车的创意质量反馈主要体现在创意图片上，因此只有好的图片才能有好的点击率，从而才能提升质量分，降低 PPC（点击付费）。那么创意图片的构思就显得格外重要了，创意图要注意以下几方面。

a．图片清晰，突出商品：图片像素要高，模糊的图片会大大影响点击反馈效果。另外一定要突出图片主体，要做到主次分明，切不可喧宾夺主，尤其是目前手机端流量比较多的情况下，更要做好这一点。

b．图片美观度：构思图片时要注意图片的美观度，同样的产品不同的视觉体验能带来彻底不同的展示效果。再好的产品如果没有图片的包装也会显得一文不值，同时要根据消费者的需求来策划图片构思。

c．卖点提炼，要点突出：在写创意文案时不要指望把所有卖点都写上，许多商家经常希望把商品一些优点统统告知消费者，可是写太多卖点，消费者是不会一一来看的，要做的是抓住客户的心理需求，输出你的中心卖点即可。

② 相关性。

a．关于类目：一定要放在准确的类目下，类目放错必然会影响质量分，还有一些商品可能会有多个类目，那么这里你就要参考我们的数据，选择适合你的最优类目。

b．关于属性：我们在发布宝贝时，属性要尽量填写完整，不带星号的也要填写，因为这个买家在搜索关键词时淘宝也会根据相应属性特点去匹配，会有更多的展示机会。

c．关于文本：尽量多地把关键词放到相关产品标题和创意标题中。

③ 买家体验。

这个维度所包含的内容比较广泛，质量分后期的数据反馈都会影响到此项分值的变化，一般包括：点击率、转化率、收藏率、加购率、客服旺旺响应时间、跳失率、二次回购率、详情访问深度等，都会影响到此项分值。点击率和转化率是影响质量分最大的数据，所以要想尽一切方法提高创意图的点击率，提高产品的转化率，做好服务，提高评价和 DSR。

（3）关键词的优化

前期所有关键词匹配模式选择精准匹配，精准化人群，提高点击率、转化率等数据，提高质量分，如图 6.1.55 所示。

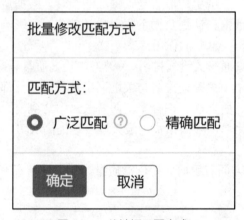

图 6.1.55　关键词匹配方式

① 删除 6 分及以下的词，有些词虽然流量多，但是质量分太低，扣费高。

② 类目词主词不能随便删除，虽然流量巨大花费超多，但是这些是主要的引流词。如果想降低花费，可以逐步降低出价，直到花费在可承受的范围之内。

多添加长尾词精准词、转化率高的词，可以很快地提高关键词质量分，虽然长尾词单个词流量不高，但是胜在转化高提升质量分快，多添加几个长尾词可以弥补流量不足。

③ 删除 3 天无展现关键词，3 天内点击率较好关键词提高出价。

④ 删除 7 天无点击关键词，7 天内点击好的关键词提高出价。

⑤ 删除 15 天无转化关键词，15 天内转化好的关键词提高出价。

对 15 天内点击很高但转化很差的关键词，先提高出价，如还无转化就降价或删除。

隔一段时间利用生意参谋工具挖掘上升潜力词，加进计划测试，留下表现好的，删除差的，一直不断地发掘、删除、优化。

（4）关键词提升质量分方法

提升关键词有两种方法：

①开始所有关键词高出价开到首页，多投入推广费持续地最大化地提高点击量，把大部分关键词质量分提高到 10 分，然后持续一个月，再慢慢降低出价。质量分提高之后，平均点击单价自然就会降下来，最后维持在一个我们可以接受的良好的循环状态，投入产出比达到 1 就可以了，利润可以抵销消耗。

②开始所有关键词出价达到行业平均点出价，每隔一天加价 5%，直到所有关键词都出现展现。过一段时间看看质量分有没有上升，如果没有继续每 2 小时提价 5%，不断优化直到大部分关键词质量分提升至 10 分，维持一个月。然后再适当降低出价，每次调整幅度不要过大，最终投入产出比达到 1 以上。投入产出比越高越好，当然每天直通车目标成交量不能减少。

第二种方法投入少但是周期长，第一种方法投入多但是见效快。当推广资金有限时就需要运用第二种方法，降低推广费用。

技能点二 CPM 推广引流

CPM 是 "Cost Per Mille" 的英文缩写，是按展现次数付费的广告模式，是互联网最广泛应用的广告推广模式。淘宝平台引力魔方和万相台就是这种广告推广工具。

引力魔方和万相台网络推广是以图片或视频展示为基础，精准定向为核心，面向全网精准流量实时竞价的展示推广平台。引力魔方和万相台展示网络推广支持按展示付费（CPM）和按点击付费（CPC），为客户提供精准定向、创意策略、效果监测、数据分析、诊断优化等一站式全网推广投放解决方案，帮助客户实现更高效、更精准的全网数字营销。

1.CPM 介绍

（1）展位功能

① 展示位置：淘宝首页焦点图、首页猜你喜欢、购前猜你喜欢、购中猜你喜欢、购后猜你喜欢、购物车、收藏夹等信息流。

② 创意形式：支持图片、视频等动态创意，支持创意模板制作。

③ 收费方式：按展示付费（CPM）的基础上，增加按点击付费（CPC）的结算模式。

④ 投放方式：选择资源位，设定定向人群，竞价投放，价高者得。

（2）产品优势

① 超大流量：覆盖全国 80% 以上的网购人群，淘宝内几十亿的海量流量可供选择。

② 精准定向：提供多种精准定向方式，锁定目标人群。

③ 出价灵活：支持展现付费（CPM）和点击付费（CPC），流量更精准，成本更可控。

④ 一键推广：日常销售、活动营销、不同场景定制个性化营销策略，提升效果。

⑤ 高效创意：千套模板多维推荐，轻松打造优质创意，系统智能择优投放，测图测款全程托管。

⑥ 精准优化：大数据 AI（人工智能）精准算法推荐。

（3）CPM 收费原理

① CPM 是怎么收费的。

按照 CPM 竞价收费，即按照每千次展现收费。如出价 6 元，那么该广告被人看 1000 次收取 6 元，点击不收费。钻展系统会自动统计，并在 CPM 后台报表中给予反馈，不满 1000 次的展现系统自动折算收费。

点击单价=消耗/点击数，是系统计算得出的数据，系统给出点击单价并不就是按照点击收费了。因为投放了 CPM 后获得的图片点击量才是真正进到店铺的流量，因此点击单价就是你的引流成本，是在投放时需要关注的重要数据指标。

② CPM 的展现逻辑。

按照出价高低顺序展现。系统将各时间段的出价，按照竞价高低进行排名，价高者优先展现，出价最高的预算消耗完后，轮到下一位，以此类推，直到该小时流量全部消耗，排在最后面的无法展现。

能获得的总流量=总预算/千次展现单价×1000，在同样的预算下，千次展现单价越高，获得的流量反而越少，因此需要在保证出价能展现的基础上，合理竞价。如图 6.2.1 所示。

广告展示的优先权——价高者得（但不要盲目出价）

购买到流量计算公式：**预算/CPM单价*1000=买到流量数**

客户	CPM 每千次展示出价	预算	购买到PV	展示顺序
A	5元	500	10W	2
B	3元	1000	33W	3
C	7元	800	11W	1
D	2元	3000	150W	4

C客户预估购买的PV数：800/7*1000 ≈11w

A客户预估购买的PV数：500/5*1000 ≈10w

············

图 6.2.1 CPM 出价与流量关系

③ CPM 定向。

系统根据买家的各种历史行为，给每一个访客打上相应的标签，当在设置广告计划时圈定相应标签的人群，系统就会把广告展现给想要的人群。如果不设置定向，则所有来到这个广告位的访客都可以看到该广告。因此设置定向是获取精准流量的关键。

（4）CPM 竞价原理

① CPM 出价。

CPM 广告创意每 1000 次展现计费。CPM 出价是按照 1000 次展现出价，在实际竞价中，系统会根据每一次展现的出价来排序。当有一个符合定向要求的消费者打开网页、浏览广告位的同时，系统会根据每个推广计划对该消费者的出价高低排序，出价最高的计划获得展现机会。

CPM 计划调整出价后实时生效，因此在实际竞价中，下一名的店铺、出价都是频繁变化的，每一次展现都是根据下一名的出价来结算。最终的扣费是多次的展现结算汇总的结果。图 6.2.2 左侧所示是出价及结算逻辑，右侧从"获得展现"开始是竞价结果。

	出价方式	CPM出价	对1次展现的出价	竞价排名	CPM结算价格（下一名+0.1）	1次展现的结算价格	获得展现	点击	点击率	总花费（1次展现结算价x展现）	平均点击单价（总花费/点击）
A店铺	CPM	72.00	0.07200	1	60 + 0.1 = 60.1元	0.06010	8,713	805	9.24%	523.65	0.65
B店铺	CPM	60.00	0.06000	2	54 + 0.1 = 54.1元	0.05410	4,665	421	9.02%	252.38	0.60
C店铺	CPM	54.00	0.05400	3	54元（下一名+0.1高于自己的出价，因此按自己出价）	0.05400	2,423	155	6.40%	130.84	0.84
D店铺	CPM	53.99	0.05399	4	53.99元	0.05399	590	34	5.76%	31.85	0.94

假设：有四家店铺圈定了同一用户群、投放同一资源位，且竞价过程中都没有调整出价。（注：现实中几乎不存在）

图 6.2.2　CPM 竞价以及展现逻辑

　　a. 系统计算每家店铺对 1 次展现的出价，确定竞价排名。

　　b. 当用户打开网页、浏览资源位时，系统投放推广创意，同时根据 CPM 结算价格（结算 CPM＝下一名出价＋0.1，且不会超出自己的出价）计算 1 次展现的结算价格（即：下一名出价＋0.0001，且不会超过自己的出价），对这 1 次展现做 1 次计费。

　　c. 系统继续投放，不断把累计的展现、计费全部汇总，报表看到的是汇总的结果。

　　② CPC 出价

　　使用 CPC 出价时，系统会将 CPC 出价折算成 CPM 出价（折算公式：CPM 出价＝CPC 出价×预估 CTR×1000），CTR 为点击通过率，再去与其他 CPM 计划混合竞价。图 6.2.3 左侧所示是出价及结算逻辑，右侧从"获得展现"开始是竞价结果。

	出价方式	出价	预估CTR（系统提供）	折算后的CPM出价	折算后对1次展现的出价	竞价排名	CPM结算价格（下一名+0.1）	1次展现的结算价格	获得展现	点击	点击率	总花费（1次展现结算价x展现）	平均点击单价（总花费/点击）
A店铺	CPC	0.8元	9%	0.8 x 9% x1000 = 72.00元	0.07200	1	60 + 0.1 = 60.1元	0.06010	8,713	805	9.24%	523.65	0.65
B店铺	CPM	60元	/	60.00元	0.06000	2	54 + 0.1 = 54.1元	0.05410	4,665	421	9.02%	252.38	0.60
C店铺	CPC	0.9元	6%	0.9 x 6% x1000 = 54.00元	0.05400	3	54元（下一名+0.1高于自己的出价，因此按自己出价）	0.05400	2,423	155	6.40%	130.84	0.84
D店铺	CPM	53.99元	/	53.99元	0.05399	4	53.99元	0.05399	590	34	5.76%	31.85	0.94

假设：有四家店铺圈定了同一用户群、投放同一资源位，且竞价过程中都没有调整出价。（注：现实中几乎不存在）

图 6.2.3　CPC 竞价以及展现逻辑

　　a. 系统把所有出价都折算成 CPM 出价（即使所有店铺都是使用 CPC 出价，也是都折算成 CPM 再排序）。

　　b. 系统计算每家店铺对 1 次展现的出价，确定竞价排名。

　　c. 当用户打开网页、浏览资源位时，系统投放推广创意，同时根据 CPM 结算价格（下一名+0.1，且不会超出自己的出价）计算 1 次展现的结算价格，对这 1 次展现做 1 次计费。

　　d. 系统继续投放，不断把累计的展现、计费全部汇总，在报表显示。

③ CPC 与 CPM 的关系。

a. 不管是使用 CPC 出价方式还是 CPM 出价方式，最终都是折算成 CPM 出价，去与其他店铺竞争流量。

b. 如果使用 CPC 出价，折算成 CPM 的出价的公式是：CPM 出价=CPC 出价×预估 CTR ×1000。如果 CPC 出价是不变的，预估 CTR 越高，折算出来的 CPM 出价就越高。如果使用 CPM 出价则不需折算，直接参与竞价。CPC 出价的优势是点击单价可控，但由于预估 CTR 是系统决定的，折算出来的 CPM 出价不确定，不能保证始终有较好的竞价排名；相比之下，CPM 出价更加直接，在获取流量方面是 CPM 出价胜出。

c. 结算价不等于自己的出价，结算价是由下一名出价决定的。如果自己出价高但下一名出价很低，就能用很低的结算价拿到流量。

d. CPC 出价和 CPM 出价，对店铺潜在用户、现有用户的覆盖各有不同，建议综合考虑店铺当前的状况及营销目标、目标用户的重要性、竞争环境等因素，选择合适的出价方式及定向。

e. 从店铺人群划分的角度：CPC 人群宽泛、成本可控，更适合拉新；CPM 人群精细，更适合店铺用户分层和老客户维护。

f. 从目标用户重要性的角度：非必须的流量用 CPC；重要人群、必须竞得的用 CPM。

g. 从流量竞得能力的角度：日常用 CPC+CPM；大促期间主用 CPM；大促后市场竞价不那么激烈了，再回到 CPC+CPM。

h. 大促期间竞价激烈、拉新成本较高，因此拉新尽量在大促前 1~2 个月完成，避开竞争激烈的时间段；而店铺现有用户则需要在大促期间加强覆盖，才能保证大促时有足够的流量（用户）支撑销量爆发。

（5）资源位与定向

资源位是 CPM 推广的广告展现的位置，简单来说就是消费者在哪里可以看到所推广的广告创意图，资源位包括各种页面的焦点图，各个购物环节的猜你喜欢，最大程度上填满了消费者浏览商品的空档，与 CPC 模式被动的推广方式不同，CPM 更多的是通过圈定精准人群进而主动地展现在消费者面前。而猜你喜欢简单来说就是系统通过大数据与 AI 算法筛选适合商品的特征与偏好的人群，进而提高推广计划的点击率。

（6）场景

场景在此推广工具中就是顾客具体的消费场景与使用环境，运用精准的人群场景可以提高推广计划的点击率与转化率。例如，90 后结婚人群，可以关联的行业类目有很多，90 后正处在最佳的生育年龄，适合母婴类目。结婚人群大概率需要买车买房，那么汽车用品、装修材料都适合此场景。举一反三仔细研究分析哪些场景适合我们的商品推广。

2. 引力魔方介绍

引力魔方是融合了钻石展位与超级推荐的全新升级版本，是融合了猜你喜欢信息流和焦点图的全新 CPM 推广工具。原生的信息流模式是唤醒消费者需求的重要入口，全面覆盖了消费者购前、购中、购后的消费全链路；焦点图锁定了用户入淘第一视觉，覆盖了淘宝网全域人群。通过两者的有机结合，同时基于阿里巴巴大数据和智能推荐算法，帮助店铺潜在目标消费者，激发消费兴趣，高效拉新，强效促转化，完成营销闭环，助力提升店铺整体流量，促进店铺生意增长。

但是引力魔方的本质是 CPM 模式按展现付费的推广工具，不论融合多少方式或者资源，原理是不会改变的，其出价竞价方法、创意制作、人群定向与上节 CPM 原理相同。下面以引力魔方工具为例设置 CPM 计划。

3. 设置计划组

首先设置计划的功能、目标与参数，由店铺后台营销中心进入引力魔方，点击计划新建计划，不同的计划类型推广方式，优化目标，出价方式都不同。

（1）计划组类型

计划组有两种类型：自定义计划（手动设置）与投放管家（自动投放）。

这里建议新手用投放管家，了解相关内容之后有了一定经验再运用自定义。因为自动投放主要目标是最大化拿量，费用花费较多，所以待熟练之后运用自定义可以兼顾点击率、转化率、投入产出比，下面以自定义连衣裙计划为例，如图 6.2.4 所示。

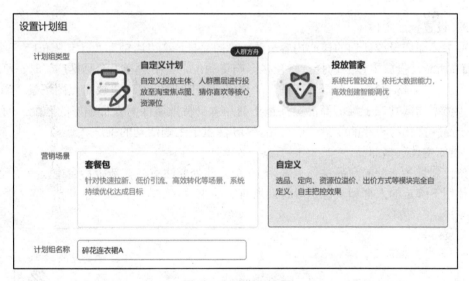

图 6.2.4　计划组设置

（2）设置营销目标

营销目标即建立计划推广此商品的目的，是获取更多曝光，还是需要更多点击，或是促进成交提高转化率。不同的目标计划设置、出价、人群定向、资源位等完全不同。一般我们做各种形式的推广要知道一个重要的前提，先求稳后求大，因为我们前期经验较少会走很多弯路，付出的代价较大，花费较多，所以前期要求稳，点击转化率为主要目标，商品基础做好之后再寻求更多的曝光与流量。这里选择促进成交。如图 6.2.5 所示。

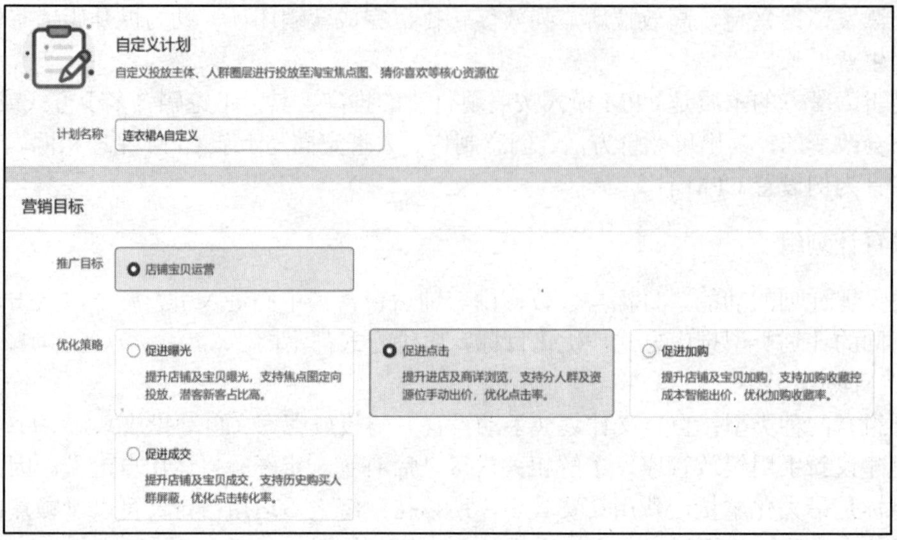

图 6.2.5　营销目标设置

（3）设置投放主体

投放主体即您投放计划的核心内容分为，"商品推广""店铺""自定义 url"三个类型。如图 6.2.6 所示。投放主体的选择，将直接影响资源位，其中选择"商品推广"时，可投放焦点图及信息流场景资源；当选择"店铺""自定义 url"时，仅可投放焦点图场景资源。

三种类型的区别在于推广商品更注重于商品本身特征属性与人群偏好的匹配，而店铺更多倾向于品牌文化与粉丝的收割，而自定义 url 注重于主题活动的推广。

① 投放主体选择商品。

每条计划最多支持的商品主体上限为 10 个。此处要注意，在新版后台中没有单元概念，即一个计划下绑定的人群和资源位等将对所有商品生效（推荐）。

图 6.2.6　投放主体宝贝设置

如果希望对每一个商品单独地策略调整，可对每一个计划绑定一个商品的方式进行。同时为了方便操作，当选择多个商品时，可点击高级设置下的"自动拆分计划"按钮，完成计划创建，将把创建计划时选择的多个商品拆分为多条计划，每条计划中仅含一个商品主体，所有计划在一个计划组下。

② 投放主体选择店铺。

当投放主体选择店铺时，系统将自动获取账号背后绑定的店铺进行投放，如图 6.2.7 所示。

图 6.2.7　投放主体类型设置

③ 投放主体选择自定义 url。

当投放主体选择自定义 url 时，系统将根据创意绑定的 url 进行投放。自定义 url 包括淘积木、店铺二楼、商品、店铺首页等店铺私域页面。若希望同时投放商品和店铺时，也可以通过此方法实现。

（4）定向人群

定向人群是 CPM 模式中决定转化率的最重要的维度，因为 CPM 模式没有 CPC 直通车关键词购物意图，而是依靠创意图吸引顾客点击浏览，而对于转化率而言，创意图是没有帮助的，所以只能依靠精准人群特征与偏好，促进成交提高转化，从而提高 ROI。

在定向人群上系统为您提供了 AI 优选和全自定义人群方式，两者相互独立，不可同时选择，如图 6.2.8 所示。

图 6.2.8　定向人群设置

① 智能定向。

根据兴趣点、人口属性等特征，通过大数据自定圈选与投放主体契合的人群。

智能定向人群存在学习过程，建议拉长投放周期观测效果。

② 自定义。

a. 常用人群—兴趣意图。

关键词兴趣人群：基于各类关键词进行人群圈选，支持系统推荐以及自定义表现填写。如图 6.2.9 所示。

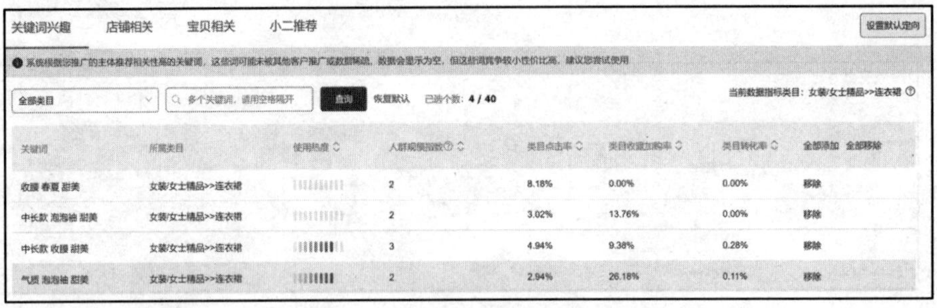

图 6.2.9　关键词兴趣人群添加

b. 店铺相关人群：根据消费近期与店铺行为进行智能化圈选，包含店铺智选、相似店铺、店铺优质人群等。如图 6.2.10 所示。

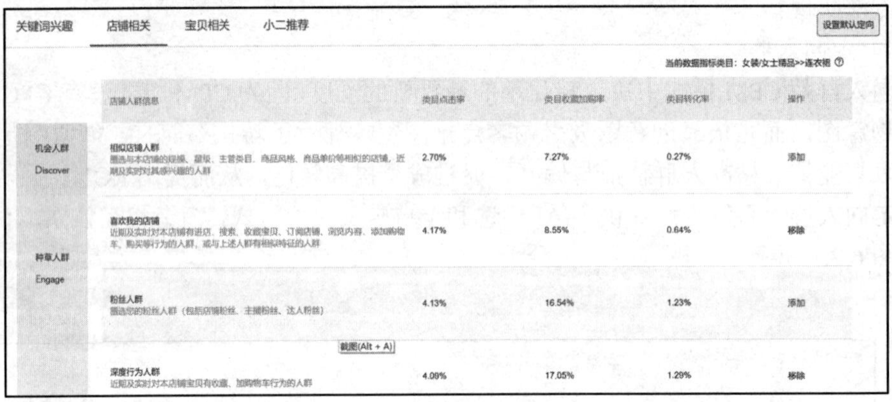

图 6.2.10　店铺相关人群添加

c. 宝贝相关人群：相似宝贝的兴趣人群，宝贝行为人群是店铺内某宝贝的兴趣/互动人群，优质宝贝人群基于宝贝行为人群特征进行拓展。如图 6.2.11 所示。

d. 小二推荐人群：活动推荐人群，适用于活动前推广预热、活动营销。如图 6.2.12 所示。

图 6.2.11 宝贝相关人群添加

图 6.2.12 小二推荐人群添加

4. 目标人群扩展

系统将基于选择人群的特征，实时计算并拓展具有相同特征且对所推广内容感兴趣的人群，并寻找更多优质人群。如图 6.2.13 所示。

（1）人群过滤

在已选择的基础上，帮助屏蔽近期对店铺产生过进店/收藏/加购/成交人群，快捷地过滤重复或者无用的人群。如图 6.2.14 所示。

（2）人群规模预览

新建计划右上角浮窗，将展示所选的人群在计划所选的资源位上每日人群规模预估，以及预估当日最大展现量。预估人群规模要适中，圈定的人群太多，也没有那么多钱去推广，再多也没有意义，圈定的人群太少，可以得到的流量不足。所以需要圈定适合自己产品与店铺最精准的人群，既保证得到足够的流量，也能得到理想的点击率和转化率。如图 6.2.15 所示。

新产品融合焦点图与信息流等淘内外核心资源，打造全域媒体矩阵。资源位范围与投放主体选择绑定，若投放主体选择商品，则可投放信息流及焦点图场景；若投放主体选择店铺或自定义链接时，则仅可投放焦点图场景。

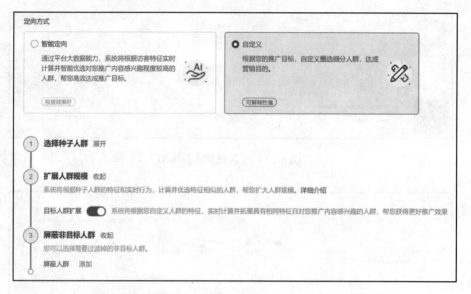

图 6.2.13 扩展人群规模设置

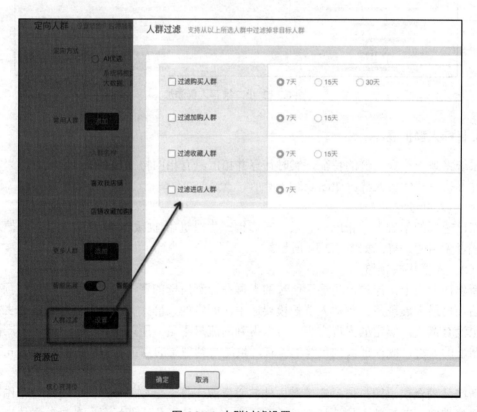

图 6.2.14 人群过滤设置

图 6.2.15 预估覆盖人群与展现量

（3）核心资源位

资源位分为焦点图和信息流资源位场景，支持多选且平台提供了资源位的流量、成本、竞争热度值作为投放的参考。当数据置于左侧资源位上时，右侧预览图将展示对应资源位样式。如图 6.2.16 所示。

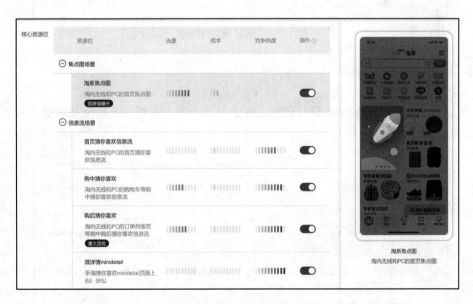

图 6.2.16 资源位选择

不同资源位的区别在于，不同的位置曝光数量即可获得的流量不同，如焦点图是淘内 PC 和无线的首页焦点图，曝光量巨大，每天几千万流量，大部分商家都会选择这个资源位，资源位出价较高，新手选择此资源位要注意投入产出比的优化。各种猜你喜欢资源位虽然可获得的流量没有焦点图多，但是足够用了，把预估人群规模控制在 1000 万以内就可以，再多的人群规模也没那么多钱投放。

（4）预算与排期

本模块分为优化目标、出价、预算、高级设置模块，其中优化目标选择，将影响出价方式。不同的营销目标有不同的运营策略与玩法，促进曝光与点击主要是为了最大化获得流量，从而促进加购与成交，主要目标是提高投出产出比。如图 6.2.17 所示。

图 6.2.17　预算与排期设置

（5）设置营销目标及出价

① 促进曝光。

a．促进曝光：对于计划曝光进行优化拿量，通过出价、人群、资源位筛选更多曝光流量。如图 6.2.18 所示。

图 6.2.18　促进曝光

b. 促进曝光出价。

出价方式：手动出价，同时支持对于计划整体进行出价及对不同人群及资源位进行出价和溢价。

统一出价：不区分人群及资源位，计划采用惟一出价。

详细出价：可对计划每一个人群进行单独出价，同时支持对于资源进行溢价。例如，A人群出价1元/点击，A资源位溢价为10%，则A人群在A资源位上出价为1.1元/点击。如图6.2.19所示。

图 6.2.19 促进曝光下出价

c. 促进曝光结算方式：按照曝光出价，按照曝光扣费。

② 促进点击。

a. 促进点击：对于计划曝光进行优化拿量，通过出价、人群、资源位筛选更多曝光流量。相对促进曝光，增加"智能调价"能力，同时以点击维度进行出价。如图6.2.20所示。

b. 促进点击出价。

出价方式：为手动出价，可开启智能调价（调价幅度为正负100%），同时支持对于计划整体进行出价及对不同人群及资源位进行出价和溢价。

统一出价：不区分人群及资源位，计划采用唯一出价。如图6.2.21所示。

详细出价：可对计划每一个人群进行单独出价，同时支持对于资源进行溢价。当开启智能调价后，系统出价将存在出价区间。例如，A人群出价1元/点击，A资源位溢价为10%，并开启智能调价，则A人群在A资源位上出价区间为0~2.2元/点击。

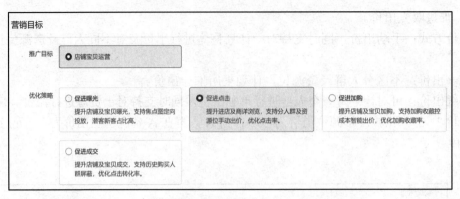

图 6.2.20 促进点击

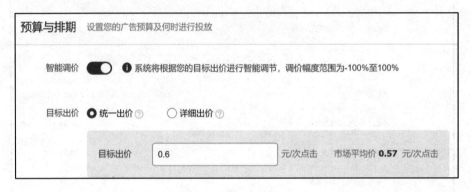

图 6.2.21 促进点击下出价

c．促进点击结算方式：按照点击出价，按照点击扣费。

③ 促进加购

a．促进加购：对于计划加购进行优化拿量，通过出价/人群/资源位筛选更多的加购意向流量。如图 6.2.22 所示。

图 6.2.22 促进加购

b．出价方式：智能出价，按照点击或加购出价，按照曝光扣费。可以设置计划的预期控制成本，若最终计划超出设置的成本，并满足"成本保障机制"，将由成本保障机制进行保障。如图 6.2.23 所示。

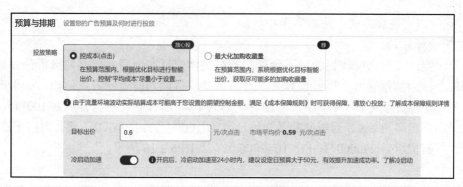

图 6.2.23 促进加购下出价

c. 促进加购结算方式：按照曝光扣费。

④ 促进成交。

a. 促进成交：对于计划成交进行优化拿量，通过出价/人群/资源位帮助筛选更多成交意向流量。如图 6.2.24 所示。

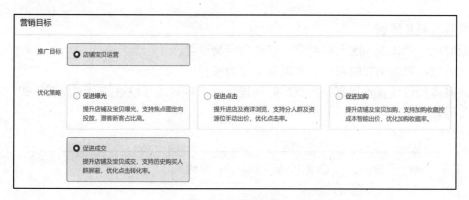

图 6.2.24 促进成交

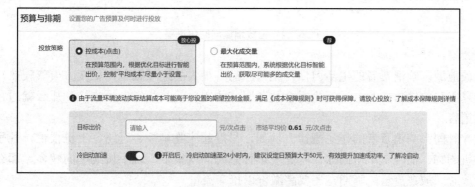

图 6.2.25 促进成交下出价

b．出价方式：智能出价，按照点击出价，按照曝光扣费。如图 6.2.25 所示。可以设置计划的预期控制成本，若最终计划超出设置的成本，并满足成本保障机制，将由成本保障机制进行保障。

c．促进成交结算方式：按照曝光扣费。

⑤ 投放预算。

预算设置：设置当前计划的可用预算。若在主体选择多个商品，并勾选拆分计划时，此预算为每个计划的预算值。每日预算要以产品运营的目标为前提计算。例如，如果产品是连衣裙，现阶段需要每天 100 单，假设平均转化率为 1%，那么需要的访客数为 100/1%=10000，再假设平均点击率为 5%，则需要的曝光展现数为 10000/5%=200000，那么再按千次展现 10元计算，所需费用为 200000/1000×10=2000 元。如图 6.2.26 所示。

图 6.2.26　投放预算设置

5. 投放时间及地域

投放时间：默认为 365 天后结束，支持自定义设置。

投放地域：可选偏好的省份，并能够保存为模板。

投放时段：可设置每周需要投放的时间段，并支持对选择投放的时间设置折扣，可保存模板。如图 6.2.27 所示。

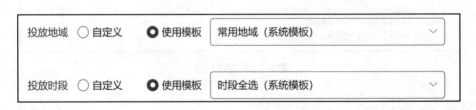

图 6.2.27　投放地域与时段设置

投放地域影响消费者的生活习惯，某些产品有很大的地域限制，如南方天气较热，所以适合春夏服装的销售，北方天气冷适合秋冬服装的销售，某些省份爱吃辣，那么就适合辣椒制品的销售。

投放时间影响消费者的作息规律。例如，早晨起床吃早饭、赶路、上班很忙，几乎没时间玩手机购物，而晚上下班回家，吃完晚饭休息时间就很多，玩手机购物的较多。那么就应该把投放时间放在流量高峰期，还要高溢价以抢夺流量。

6. 添加创意图

创意图是 CPM 广告推广商品展示给消费者的媒介，是能不能吸引消费者的眼球，从而产生点击进入详情页后产生浏览购物行为的关键。所以做好创意图，提高点击率是 CPM 推广的首要目标。

（1）创意图添加路径

①进入推广计划添加。

进入商品 CPM 推广计划，从备选创意中选择所需创意（如图 6.2.28 所示）。

图 6.2.28 计划添加创意

②在创意库中添加。

进入创意管理的创意库，从备选创意中选择所需创意（如图 6.2.29 所示）

图 6.2.29 阿里妈妈创意中心

（2）创意图制作方法

① 美工自己设计制作本地上传或者从淘宝图片空间素材库选择。

引力魔方支持的图片创意尺寸为 800 PX×800 PX，800 PX×1200 PX，513 PX×750 PX，图片大小小于或等于 0.49M，建议上传至少两种尺寸的创意图片，获得更好的投放效果。一次最多可上传 50 个图片文件，可将文件拖拽到此处进行上传。如图 6.2.30 和图 6.2.31 所示。

图 6.2.30　新增图片创意

图 6.2.31　本地上传创意图片

② 在线制作智能生成。

引力魔方为商家提供了智能化的图片制作工具，海量的设计素材，如果对图片要求不高，新手建议用在线制作设计创意图。如图 6.2.32 所示。

a．添加要推广的商品主体。

b．添加要制作图片的素材。

c．选择要制作创意图的尺寸。

d．点击智能生成创意，系统综合运营大数据，运用消费者的兴趣点，智能生成备选创意图片，然后从生成的创意中选择适合自己产品的图片，不满意可以继续生成，最多可以选择 50 张图片。如图 6.2.33 和图 6.2.34 所示。

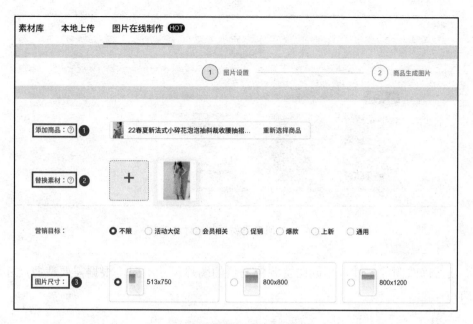

图 6.2.32 图片在线制作

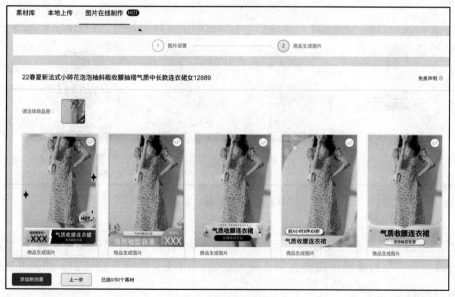

图 6.2.33 图片智能生成

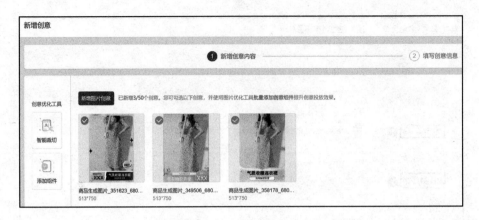

图 6.2.34　所选素材添加组件与裁剪

　　e．裁剪修改图片尺寸，不同的资源位需要的图片尺寸不同，根据需要裁剪尺寸。如图 6.2.35 所示。

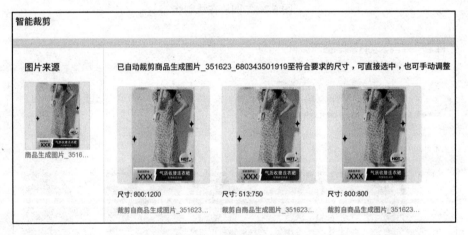

图 6.2.35　图片智能裁剪

　　f．添加修改组件，在创意图片上添加营销卖点的组件，可以编辑卖点文案，文案与卖点以消费者的"痛点"为基础，需要达到在最短的时间内吸引消费者的点击。如图 6.2.36 所示。

7. 创意中心

　　阿里妈妈创意中心是为各位商家提供创意洞察、生产、分发、管理等一体化创意解决方案的平台。这里有适用于各个视频创意制作的产品"绘剪"、短视频裂变工具"混剪"、智能文案、智能抠图、素材库、直播切片、创意洞察、淘积木等能力给到商家，帮助商家从创意洞察（创意分析）—学习（案例）—制作（工具）—投放（方法论）—管理—（素材库）等赋能。如图 6.2.37 和图 6.2.38 所示。

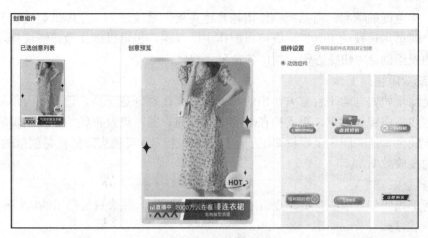

图 6.2.36 添加组件

图 6.2.37 创意中心首页

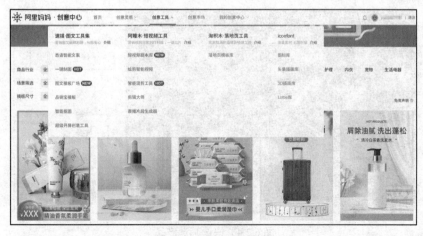

图 6.2.38 创意工具首页

随着二类电商的崛起，商品视频作用越来越重要，系统还为商家提供更便捷智能的视频制作工具"阿里木短视频工具"，既可以制作主图视频，也可以制作微详情视频，还有各种推广方式的视频创意，快捷方便地制作各种尺寸视频。

（1）绘剪短视频工具

绘剪是阿里妈妈创意平台官方推出的线上一站式视频创意工具，选择淘内单品之后即可通过算法在线生成视频创意，更支持在线的素材补充、替换以及视频的整体编辑的功能，视频创意可下载至本地并同步至素材库用于各广告展位投放，可极大降低视频创意的制作门槛、提升创意的投放效率。

① 工具登录。

进入阿里妈妈创意中心首页，点击"绘剪智能视频"，登录日常使用的店铺账号。

② 基础信息。

设置需要投放的场景，不同场景需要的尺寸不同，还可以添加需要编辑的素材。如图 6.2.39 所示。

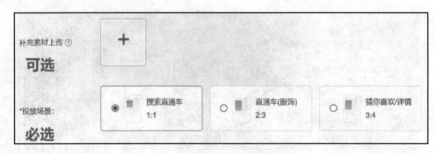

图 6.2.39 添加商品

a. 添加商品。

支持直接导入店铺单品，即打开店铺账号关联商品进行在线的单品选取，使用宝贝名称搜索加快选取速度。支持通过输入淘宝、天猫内单品详情页链接的形式同步单品信息。如图 6.2.40 所示。

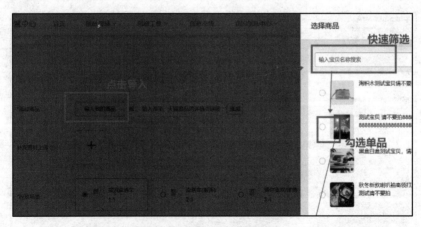

图 6.2.40 快速筛选产品

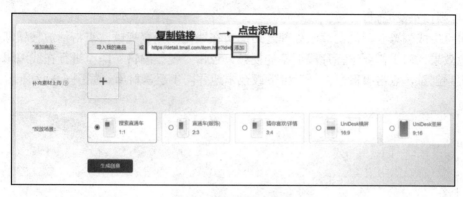

图 6.2.41 选择投放场景

b. 投放场景。

选取视频创意的投放场景（也就是对应的尺寸），当前支持直通车 V 视频的 2 个尺寸、超级短视频、UD 的横竖版视频的在线生成，更多的视频投放场景陆续开展中。如图 6.2.41 所示。

c. 补充素材

在完成必选项的筛选后，可根据当前的素材准备度、生产创意视频的多样化要求，添加 3 个以内的图片、创意素材加入算法的在线生成，算法将结合图像识别、创意效率产出对应的视频创意。

素材支持本地上传以及素材库上传，建议将素材同步至素材库，以进行有效的在线统一管理。补充素材的大小控制在 10M 以内，视频素材的长度控制在 15 秒以内，分辨率建议在 720P 以上；在素材表达上，与商详内容加以区分，添加具备场景表达性、模特关联的商品展示内容。如图 6.2.42 所示。

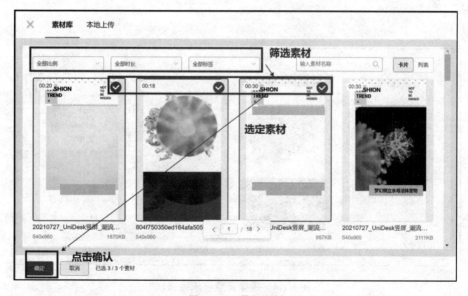

图 6.2.42 添加素材

③ 视频预览及编辑。

点击"生成创意"后，在算法处理之后即可在线生成预览视频，点击播放按钮即可预览视频创意效果，对于需要进行片段调整的视频，点击"视频编辑"即可进行在线编辑，对于满意的视频创意，点击"保存视频"可下载至本地并同步至素材库。如图 6.2.43 所示。

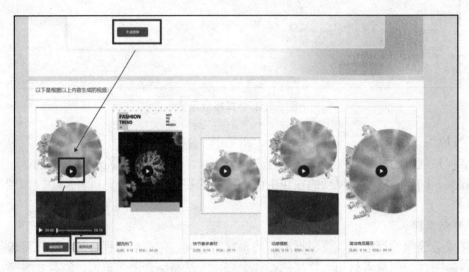

图 6.2.43　智能生成视频

a. 音乐替换及编辑图。

对于算法推荐的音乐素材可进行在线替换，在编辑页面点击右上角的音乐"编辑"按钮，选取曲库内的背景音乐，点击"确认"后即可进行替换。

点击音乐播放按钮可进行在线试听，曲库内音乐可在阿里妈妈各广告场景使用。如图 6.2.44 所示。

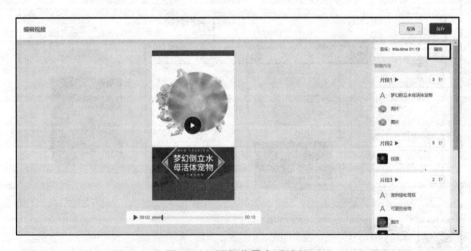

图 6.2.44　视频背景音乐编辑

b．片段时长编辑。

对于片段时长有要求的，可对于片段时长进行调整。出于创意美观度考虑，建议片段时长的调整结合素材、片段文案的展现效果综合把控。如图 6.2.45 所示。

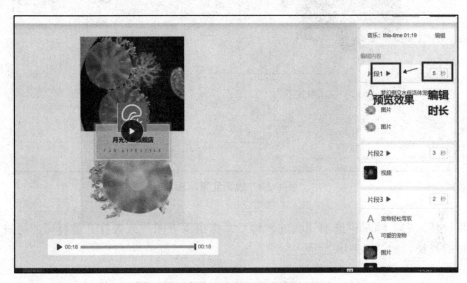

图 6.2.45 视频片段时长编辑

c．文字编辑。

选取对应的文字元素，按照字数限制调整文案内容，点击确定后可预览效果，影响视频创意内的文案可以呈现。如图 6.2.46 所示。

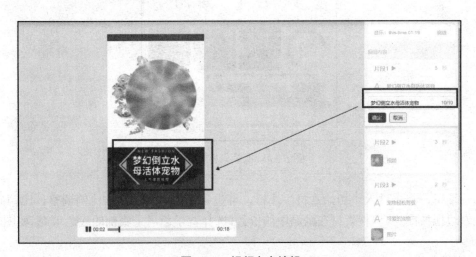

图 6.2.46 视频文字编辑

d．图片编辑。

选取需要调整的图片元素，点击"编辑"进入编辑界面。如图 6.2.47 所示。

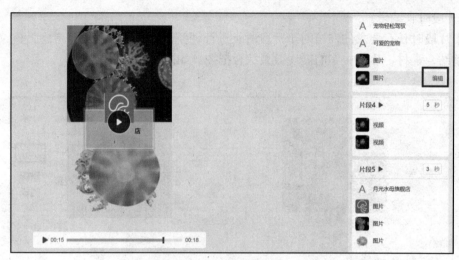

图 6.2.47　视频元素编辑

　　图片替换，右方编辑栏选取"我的素材"，点击下方图片或者打开素材库，可进行目标图片素材的替换。如图 6.2.48 所示。

图 6.2.48　视频素材编辑 1

　　图片编辑，点击进入"初始素材"选框，可进行当前素材的缩放比例调整，比例确认后可以在左边拖拽图片，调整素材在画面中的位置，选择背景色用于底部的底色填充。如图 6.2.49 所示。

　　e．视频编辑。

　　选取需要调整的视频元素，点击"编辑"进入编辑界面。如图 6.2.50 所示。

　　视频替换，右方编辑栏选取"我的素材"，点击下方视频或者打开素材库，可进行目标视频素材的替换。如图 6.2.51 所示。

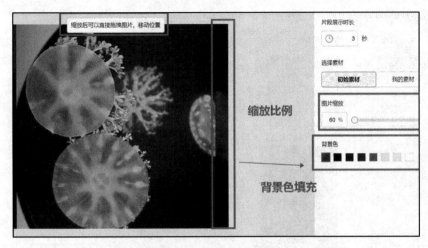

图 6.2.49 视频素材编辑 2

图 6.2.50 视频元素编辑

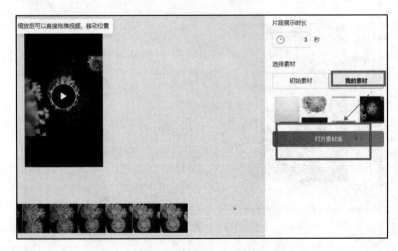

图 6.2.51 视频素材替换

视频编辑，在左侧左右拖动视频选取框调整选取的视频片段。

在右边点击进入"初始素材"选框，可进行当前素材的缩放比例调整，比例确认后可以在左边拖拽视频，调整素材在画面中的位置，选择背景色用于画面内的背景色填充。如图 6.2.52 所示。

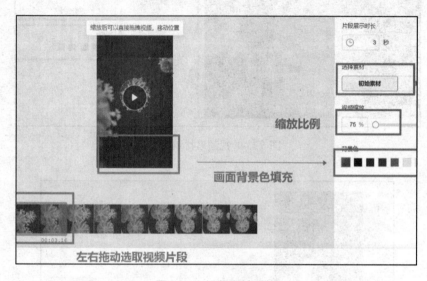

图 6.2.52　视频素材调整

④ 视频保存及投放。

在编辑完成或者是在视频创意的预览界面，选取对应创意视频点击"保存"，即可将对应视频创意下载至本地并同步至素材库。如图 6.2.53 所示。

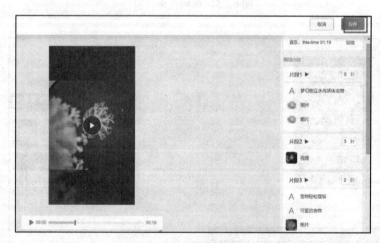

图 6.2.53　视频保存

　　在符合要求的对应视频展位（目前支持直通车 V 视频、超级段视频、UD 视频），进行计划创建时同步素材库内视频创意或上传创意，按照已有投放链路进行创意投放。

　　⑤ 绘剪推送功能。

　　绘剪支持将生成的创意推送到各个投放场景，根据需要的场景来标记好，记得一定要推送到适配的场景。

　　a. 广告场景。

　　应用场景包括直通车、AI 智投、引力魔方、UD 等。选择"保存到素材库"（如图 6.2.54 所示），下载到本地的同时也会同步到阿里妈妈广告素材库，在对应的广告投放编辑创意的时候勾选即可。

图 6.2.54　视频保存到素材库

　　b. 微详情场景。

　　选择推送到商品装修视频库，内容发布。如图 6.2.55 和图 6.2.56 所示。

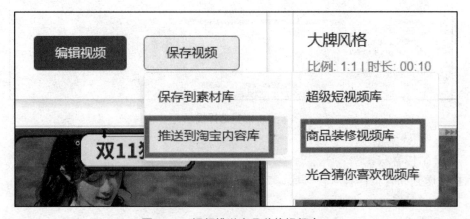

图 6.2.55　视频推送商品装修视频库

图 6.2.56　视频文本与封面编辑

完成商品装修。如图 6.2.57 所示。

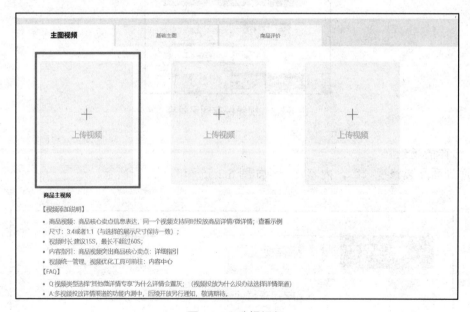

图 6.2.57　选择视频

c. 光合猜你喜欢。

选择推送到光合猜你喜欢视频库，完成设置。如图 6.2.58 所示。

图 6.2.58 光合猜你喜欢推送

运用直通车工具优化食品类目提拉米苏关键词与质量分。

提拉米苏是一种传统的蛋糕类食品，虽然现在在中国也比较常见，被广大热爱美食食品朋友们喜爱，我国某些地区也有生产。但是因为提拉米苏最知名的还是俄罗斯生产的，消费者的潜在观念还是喜欢俄罗斯生产的，所以在添加关键词与优化过程中不能忽视"俄罗斯"等关键词。下面以提拉米苏为案例优化关键词与质量分。

第一步：新建宝贝计划，添加关键词以高相关性、高展现指数、高点击率、高转化率为原则。如图 6.3.1 所示。

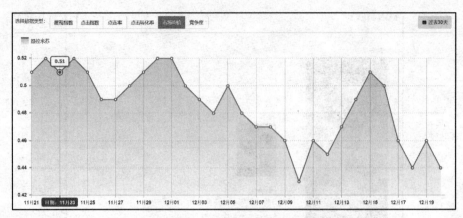

6.3.1 关键词流量解析

第二步：通过流量解析所得市场均价为 0.45 元左右，计算机端出价市场均价，移动端出价高于计算机端 30%左右，出价 0.6 元，删除 6 分以下的关键词。如图 6.3.2 所示。

					0.45元	0.60元			
[俄罗斯提拉米苏]	8分	8分	无展现	无展现	0.45元	0.60元			
[提拉米苏蛋糕]	6分	8分		无展现	0.45元	0.60元			
[提拉米苏千层蛋糕]	6分	8分	无展现	无展现	0.45元	0.60元			
[提拉米苏]	8分	9分		无展现	0.45元	0.60元			
[芝士奶酪蛋糕]	6分	6分	无展现	无展现	0.45元	0.60元			
[蜂蜜蛋糕]	8分	8分	无展现	无展现	0.45元	0.60元			
[零食蛋糕]	6分	8分		无展现	0.45元	0.60元			
[蛋糕零食 早餐]	8分	9分	无展现	无展现	0.45元	0.60元			
[俄罗斯蛋糕]	6分	8分		无展现	0.45元	0.60元			
[俄罗斯提拉米苏蛋糕]	6分	9分	无展现	无展现	0.45元	0.60元			
[进口零食]	8分	9分	无展现	无展现	0.45元	0.60元			
[千层蛋糕]	6分	6分		无展现	0.45元	0.60元			
[俄罗斯]	6分	6分	无展现	无展现	0.45元	0.60元			
[奶油蛋糕]	8分	9分	无展现	无展现	0.45元	0.60元			
[千层]	6分	8分	无展现	无展现	0.45元	0.60元			

6.3.2 关键词出价

第三步：初步优化，每隔一天出价提高 5%，直到所有词都出现展现，质量分会一步步提高。然后维持 3 天看看转化率和点击率是否有提高，排名越靠后点击率越低。因为如果所售产品在搜索页的最低端，大部分情况虽然会展示在顾客面前，但是顾客的视野焦点都在前排，对于后面的宝贝会下意识忽略。

我们所有关键词出价要不断提高，直到大部分词的点击率都接近行业平均点击率，再维持出价继续烧 10 天左右。如图 6.3.3 所示。

关键词	计算机质量分	移动质量分	计算机排名	移动排名	计算机出价	移动出价	展现量	点击量	点击率	花费
[夹心蛋糕]	6分	6分	无展现	无展现	0.66元	0.88元	300	20	1.5%	¥17.6
[俄罗斯提拉米苏]	8分	9分	第二页	移动10~15条	0.66元	0.88元	1,250	82	6.56%	¥72.16
[提拉米苏蛋糕]	9分	10分	首页（非前三）	移动4~6条	0.66元	0.88元	2,831	122	4.3%	¥107.36
[提拉米苏千层蛋糕]	9分	10分	首页（非前三）	移动4~6条	0.66元	0.88元	1,365	64	4.67%	¥56.32
[提拉米苏]	9分	9分	首页（非前三）	移动4~6条	0.66元	0.88元	2,355	124	5.26%	¥109.12
[芝士奶酪蛋糕]	6分	8分	第二页	移动10~15条	0.66元	0.88元	265	9	3.39%	¥7.92
[蜂蜜蛋糕]	8分	9分	首页（非前三）	移动4~6条	0.66元	0.88元	352	9	0.25%	¥7.92
[零食蛋糕]	8分	9分	无展现	无展现	0.66元	0.88元	357	8	2.24%	¥7.04
[蛋糕零食 早餐]	9分	9分	无展现	无展现	0.66元	0.88元	1,335	15	1.12%	¥13.2
[俄罗斯蛋糕]	8分	9分	无展现	无展现	0.66元	0.88元	2,374	19	0.8%	¥18.72
[俄罗斯提拉米苏蛋糕]	8分	10分	首页（非前三）	移动4~6条	0.66元	0.88元	195	11	5.64%	¥9.68
[进口零食]	9分	9分	无展现	无展现	0.66元	0.88元	67	2	2.98%	¥1.76
[千层蛋糕]	8分	9分	无展现	无展现	0.66元	0.88元	91	6	6.59%	¥5.28
[俄罗斯]	8分	8分	第二页	移动16~20条	0.66元	0.88元	124	7	5.64%	¥6.16

6.3.3 质量分优化 1

第四步：中期优化，经过 10 天的稳定烧车，质量分会慢慢提升，10 分和 9 分词越来越多，这时候提拉米苏的计划基本可以稳定下来，质量分上升以后平均点击花费就会降低。

10 分词可以慢慢降低出价，每隔 2 天降低 5%，测试一下展现排名会不会降低。如果降低幅度较大，要及时调整回去，没有展现或者展现不理想的重要词可以单独提高出价直到出现展现和排名。

这个计划里关于提拉米苏的关键词最重要，所以就算暂时转化不理想也不能删除。有些产品直通车词比较少，如果几天点击、转化不好就删除，那就剩不下几个词了。点击率和转化率是一种统计概率，时间越久，越接近真实客观规律，统计的数据越有意义。所以一般都会以一个月为周期，做一次大的调整。

第五步：后期优化，直通车优化是一个长时间的操作，一定要有耐心，冷静、睿智，不断发现潜力词，删除数据差的词。直通车优化没有尽头，如同 SEO 优化一样，都是运营的主要工作。如图 6.3.4 所示。

[俄罗斯提拉米苏]	8分	10分	第二页	移动10~15条	0.50元	0.61元	2,351	286
[提拉米苏蛋糕]	9分	10分	首页（非前三）	移动前三	0.50元	0.61元	3,665	458
[提拉米苏千层蛋糕]	9分	10分	首页（非前三）	移动4~6条	0.50元	0.61元	2,651	124
[提拉米苏]	9分	9分	首页（非前三）	移动4~6条	0.50元	0.61元	3,625	415
[芝士奶酪蛋糕]	9分	9分	第二页	移动10~15条	0.50元	0.61元	315	15
[蜂蜜蛋糕]	8分	9分	首页（非前三）	移动4~6条	0.50元	0.61元	456	32
[零食蛋糕]	8分	9分	无展现	无展现	0.50元	0.61元	425	33
[蛋糕零食 早餐]	9分	9分	无展现	20条以后	0.50元	0.61元	1,665	76
[俄罗斯蛋糕]	9分	9分	无展现	无展现	0.50元	0.61元	2,652	64
[俄罗斯提拉米苏蛋糕]	9分	10分	首页（非前三）	移动4~6条	0.50元	0.61元	253	26
[进口零食]	9分	9分	无展现	无展现	0.50元	0.61元	123	9

6.3.4 质量分优化 2

直通车不但可以用来推广产品，也可以用来测试主推款和副推款。测试哪个款式值得主推和开车，以投入产出为标准，产出比越高越好，高产出比产品可以大力开车推广，同时还可以通过直通车产生利润。正常每个产品测试经费为 2000 元左右，烧完 2000 元暂停计划，哪个产品效果好就作为主推款。

还可以通过直通车的创意图来优化产品主图，不断优化创意，优选点击率最高的创意图为主图。

注意事项：

① 不要没做好基本内功就盲目上车推广。高品质的质量，合理的详情页，良好的服务才是根本，顾客点击直通车之后，要保证呈现在顾客面前的是完美的产品。

② 不要毫无目标地盲目投入资金，只知道烧钱、烧钱、烧钱。合理地分配推广费用才是上上之道。直通车虽然重要，但是还是一个辅助工具，付出和收获要有良性循环，否则再多的钱也是白白浪费，扩大亏损。

③ 不要盲目地扩大直通车的作用，不做其他推广。直通车只是淘宝推广平台众多工具中的一种，有其自身的限制性。多报活动，推淘宝客，尝试新媒体推广。

付费推广是电商平台最重要的推广方式之一，虽然付费推广渠道与形式众多，但是基本原理是大同小异的，不要放过任何可以给店铺提升权重的渠道，既需要胆大又需要心细，大胆创建推广计划，细心的优化计划投产比，降低运营，提升产品权重，是产品能否运营成功的关键，所以付费推广知识能否熟练掌握和运用是电商人才的重要标识。

二十大提出：深入实施人才强国战略。培养造就大批德才兼备的高素质人才，是国家和民族长远发展大计。功以才成，业由才广。坚持党管人才原则，坚持尊重劳动、尊重知识、尊重人才、尊重创造，实施更加积极、更加开放、更加有效的人才政策，引导广大人才爱党报国、敬业奉献、服务人民。完善人才战略布局，坚持各方面人才一起抓，建设规模宏大、结构合理、素质优良的人才队伍。加快建设世界重要人才中心和创新高地，促进人才区域合理布局和协调发展，着力形成人才国际竞争的比较优势。加快建设国家战略人才力量，努力培养造就更多大师、战略科学家、一流科技领军人才和创新团队、青年科技人才、卓越工程师、大国工匠、高技能人才。加强人才国际交流，用好用活各类人才。深化人才发展体制机制改革，真心爱才、悉心育才、倾心引才、精心用才，求贤若渴，不拘一格，把各方面优秀人才集聚到党和人民事业中来。

电商行业发展愈发强大，需要的人才缺口极大，学习电商知识培养电商人才需要所有电商从业者一起努力。

CPC（Cost Per Click）	按点击付费	conversion rate	转化率
CPM（Cost Per Mille）	按展现付费	gross merchandise volume	成交额
CPS（Cost Per Sales）	按销售额付费	audience targeting	人群定向
return on investment	投入产出比	budget	预算
every thousand presentations	每千次展现	click through rate	点击率

1. 选择题

（1）CPC 是＿＿模式（   ）。

A.按点击付费   B.按展现付费   C.按效果付费   D.按下载量付费

（2）CPM 是＿＿模式（   ）。

A.按点击付费   B.按展现付费   C.按效果付费   D.按下载量付费

（3）CPS 是＿＿模式（   ）。

A.按点击付费   B.按展现付费   C.按效果付费   D.按下载量付费

（4）CPC 关键词质量分影响（   ）。

A.点击率   B.转化率   C.扣费   D.投入产出比

（5）CPM 人群定向影响（   ）。

A.点击率   B.转化率   C.扣费   D.投入产出比

2. 填空题

（1）付费推广是＿＿＿＿排名。

（2）质量分包括＿＿＿、＿＿＿、＿＿＿三个方面。

（3）直通车扣费公式是＿＿＿＿＿＿＿＿＿＿＿＿＿。

（4）直通车质量分公式是＿＿＿＿＿＿＿＿＿＿＿＿＿。

（5）CPC 出价换算成 CPM 出价公式是＿＿＿＿＿＿＿＿＿＿＿＿＿。

3. 简答题

（1）提高主图点击率的方法有哪些？

（2）优化质量分的方法有哪些？